음악이론 평가문제 3

세광음악출판사

‘**음악이론 평가문제**’는
음악기초이론을 어느 정도 이해하고 있는지 확인하고 평가하는 종합평가 문제집입니다. 각 학원에서 가르치는 음악이론 교재의 진도에 맞춰 병행하거나 방학 중의 특강으로 활용하기에 아주 유익한 교재입니다.

학습 방법

1. 각 교재의 앞부분에는 복습하고 평가해야 할 이론들이 ‘**음악이론정리**’로 설명되어 있습니다. 배우고 있는 음악이론 교재의 진도와 ‘**음악이론정리**’ 부분의 내용을 비교한 후 평가 문제지에 맞는 단계를 선택하여 활용하시면 됩니다.

2. 1~20회까지는 ‘**음악이론정리**’에 있는 내용들을 체계적으로 복습하거나 학습할 수 있도록 순서대로 문제가 정리되어 있습니다.

3. 21회부터는 지금까지 배운 이론들을 종합해서 문제를 출제하여 복습한 이론들을 다시 한번 더 확인, 평가하도록 했습니다.

4. 어려운 문제는 도움말을 넣어 설명하였기 때문에 혼자서도 문제를 잘 이해하고 풀 수 있도록 구성하였습니다.

음악이론정리

1. 보표

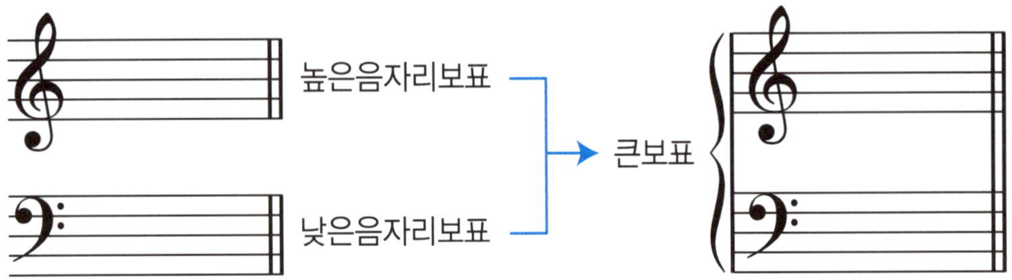

2. 차례가기와 뛰어가기

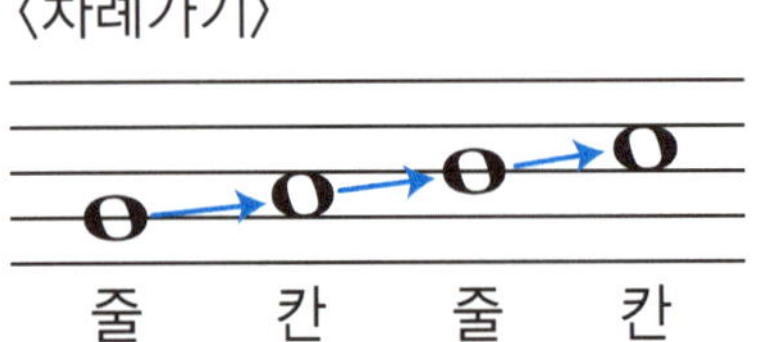

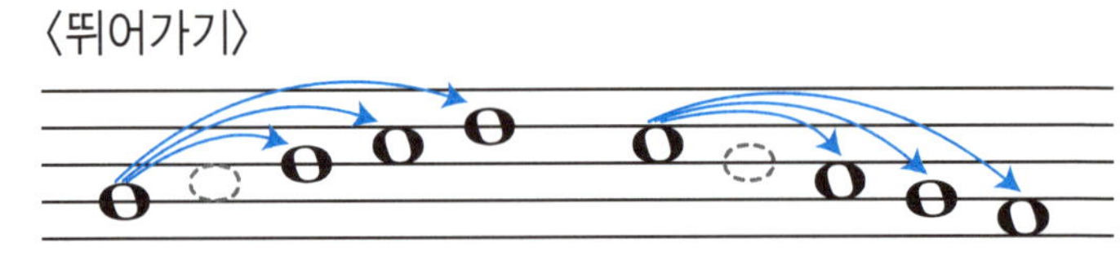

3. 음계

4. 덧줄과 덧칸

오선 아래 덧줄(칸) : 오선 아래쪽에 있는 음표를 그릴 때 사용합니다.

오선 위 덧줄(칸) : 오선 위쪽에 있는 음표를 그릴 때 사용합니다.

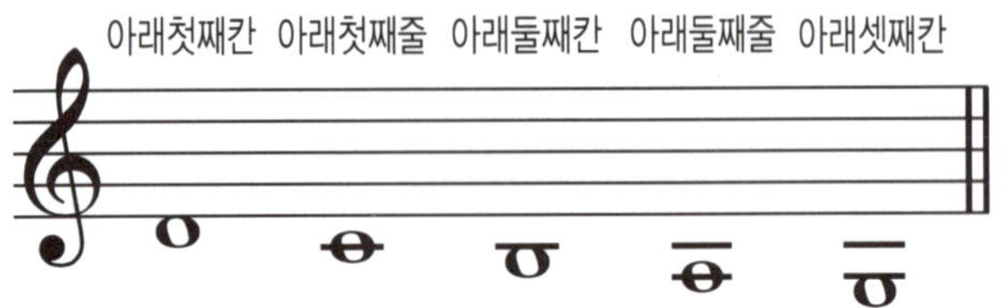

5. 점음표와 점쉼표

점은 주어진 음표의 반만큼의 길이입니다.

점2분음표	♩. = ♩ + ♩	3박	점2분쉼표	▬· = ▬ + ＄
점4분음표	♩. = ♩ + ♪	1박+반 박	점4분쉼표	＄· = ＄ + ￥
점8분음표	♪. = ♪ + ♬	반 박+반의 반 박	점8분쉼표	￥· = ￥ + ￥

▬ 의 쓰임

한 마디 전체를 쉴 때는 박자표와 관계 없이 온쉼표를 사용합니다.

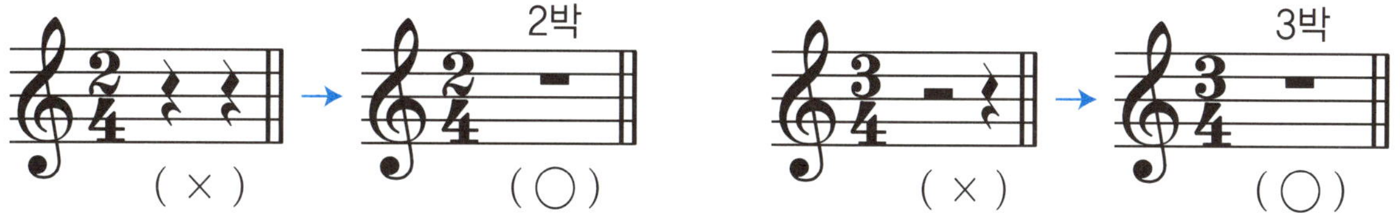

6. 스타카토

원래 음의 길이보다 짧게 끊어서 연주합니다.

스타카토		메조 스타카토		스타카티시모	
쓰기	소리내기	쓰기	소리내기	쓰기	소리내기

7. 온음과 반음

반음 : 한 건반에서 가장 가까운 건반과의 거리입니다.

온음 : 반음을 2개 합친 만큼의 거리입니다.

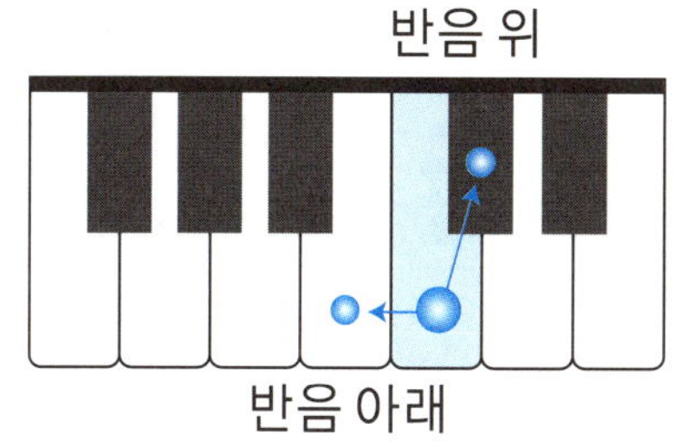

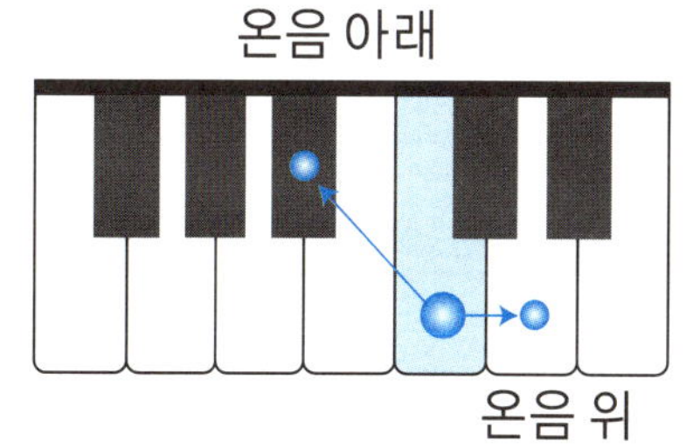

음악이론정리

8. 음정

음정이란 두 음 사이의 거리를 말합니다. 같은 음끼리는 1도이며, 주어진 음에서 간격이 하나씩 벌어질 때마다 2도, 3도, …로 셉니다.

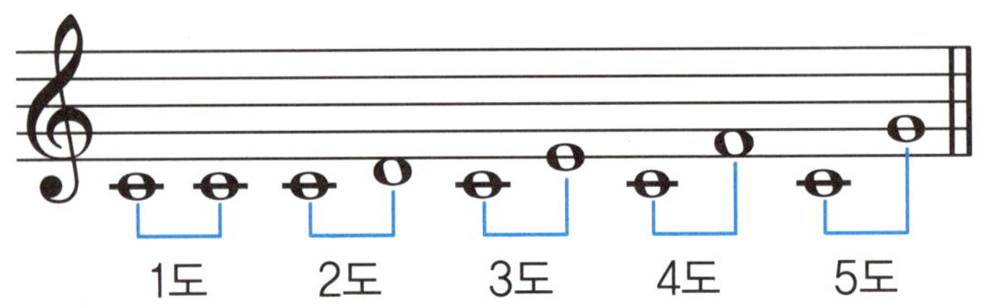

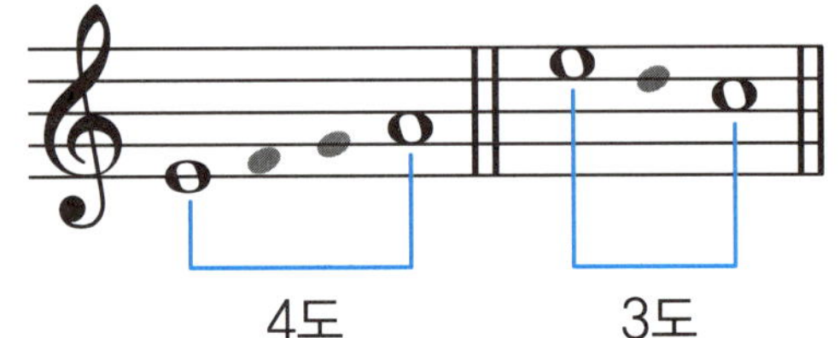

9. 3화음

화음은 높이가 다른 2개 이상의 음이 어울려서 나는 소리를 말합니다.
3화음은 3개의 음을 3도 간격으로 쌓아올린 화음입니다.

〈다장조의 주요 3화음〉

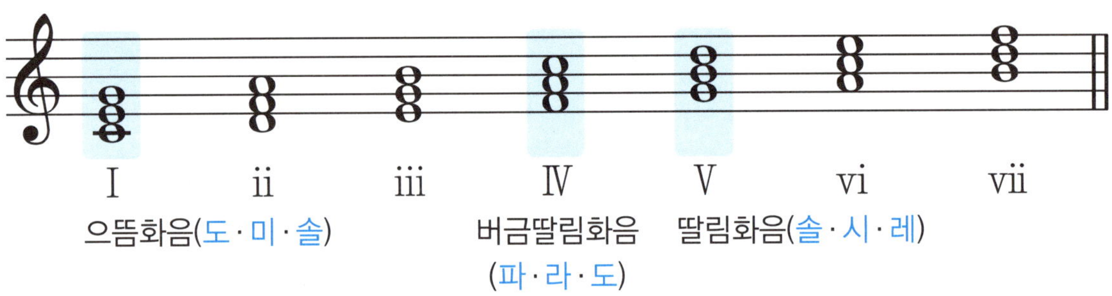

♣ 음의 위치가 바뀌어도 같은 화음입니다.

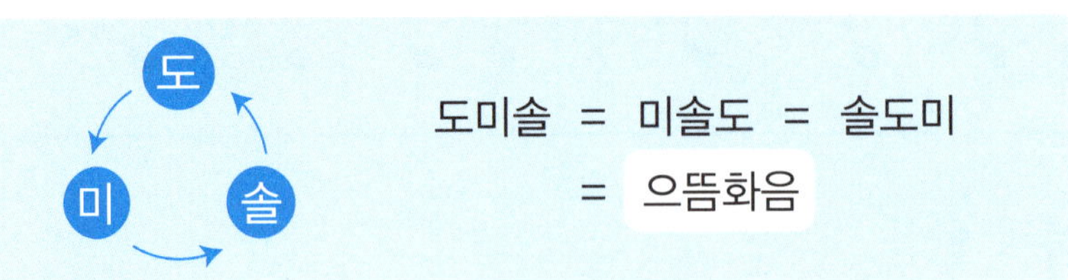

$\frac{6}{8}$ 박자의 셈여림 – 8분음표를 한 박으로 합니다. ♪ = ∨

10. 임시표

음 높이에 임시로 변화를 줄 때 사용합니다.
(임시표는 한 마디 안에서만 효력이 있습니다)

표	♯	♭	♮
이름	올림표(샤프)	내림표(플랫)	제자리표(내추럴)
뜻	반음 올린다.	반음 내린다.	변화된 음을 제자리로 되돌린다.

11. 악곡의 구조와 형식

구조 :
① 동기 – 2마디
② 작은악절 – 2개의 동기(4마디)
③ 큰악절 – 2개의 작은악절(8마디)

형식 :
① 한도막 형식 – 8마디(큰악절 1개)
② 두도막 형식 – 16마디(큰악절 2개)
③ 세도막 형식 – 24마디(큰악절 3개)

12. 갖춘마디와 못갖춘마디

갖춘마디 : 박자표대로 박 수가 갖추어진 마디입니다.
센내기(강박)로 곡이 시작됩니다.

못갖춘마디 : 첫마디와 끝마디가 박 수를 갖추지 못한 마디입니다.
여린내기(약박)로 곡이 시작됩니다.

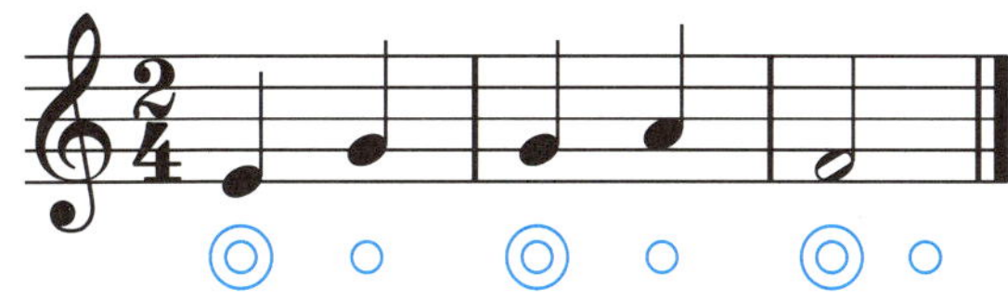

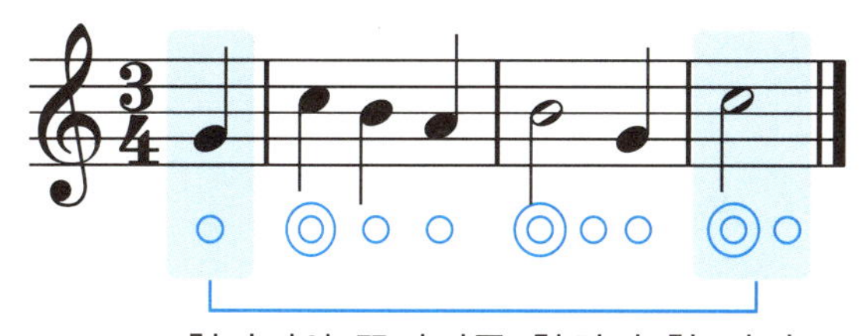
첫마디와 끝마디를 합쳐서 한 마디

음악이론정리

실로폰 연주 방법

(1) 채잡기

① 채는 엄지손가락과 집게손가락 끝으로 가볍게 쥐며, 나머지 손가락들은 가볍게 구부려 잡습니다.
② 채머리로부터 $\frac{2}{3}$ 정도 되는 부분을 잡습니다.

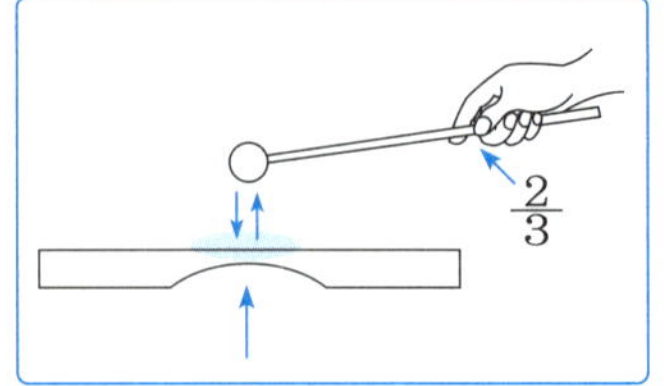

(2) 연주 방법

① 왼손 채를 오른손 채보다 조금 위로 두고, 두 채의 각도는 90° 정도로 하여 양손을 번갈아 칩니다.
② 음판 가운데 부분을 가볍게 튕기듯이 칩니다.

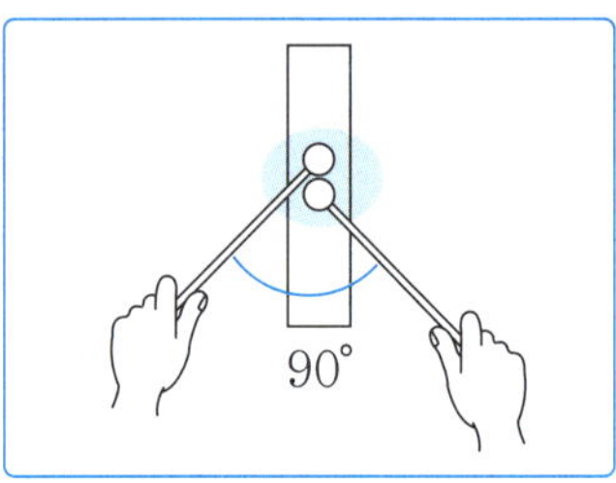

리코더 연주 방법

(1) 바른 연주 자세

① 입술을 대는 듯 가볍게 뭅니다.
② 높은 소리는 조금 세게, 낮은 소리는 조금 여리게 불면 아름다운 소리가 납니다.

(2) 손가락 짚기

구멍을 열 때는 손가락을 높이 치켜들지 말고 약 1cm정도만 살짝 듭니다.

(3) 운지법

🐻 전래 동요

예부터 전해 내려오는 우리 나라의 동요이며, 작사가와 작곡가가 알려져 있지 않습니다. 우리 나라의 5음음계(솔·라·도·레·미)를 중심으로 우리 나라의 장단을 사용한 곡입니다.

🐻 정간보

세종대왕이 만든 우물 정(井)자 모양의 우리 나라 악보이며, 정간을 사용하여 음의 길이와 높이를 알 수 있습니다. (한 정간은 ♪입니다)

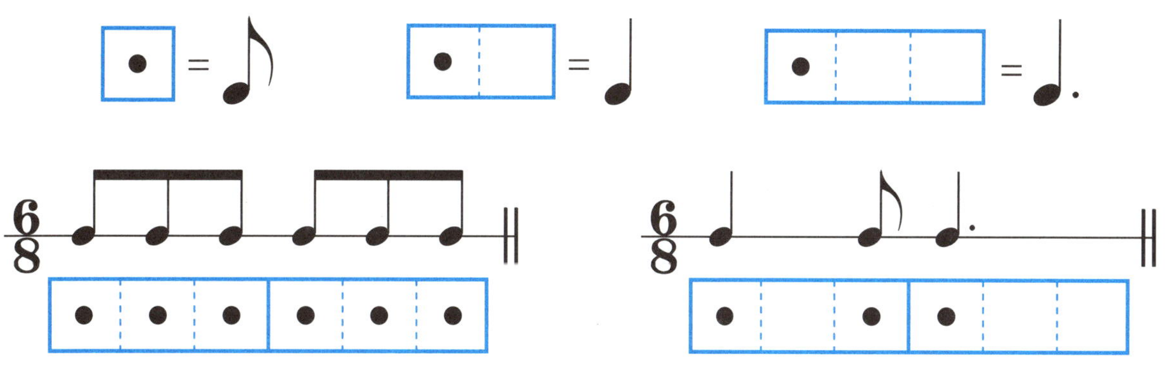

🐻 우리 나라의 악기

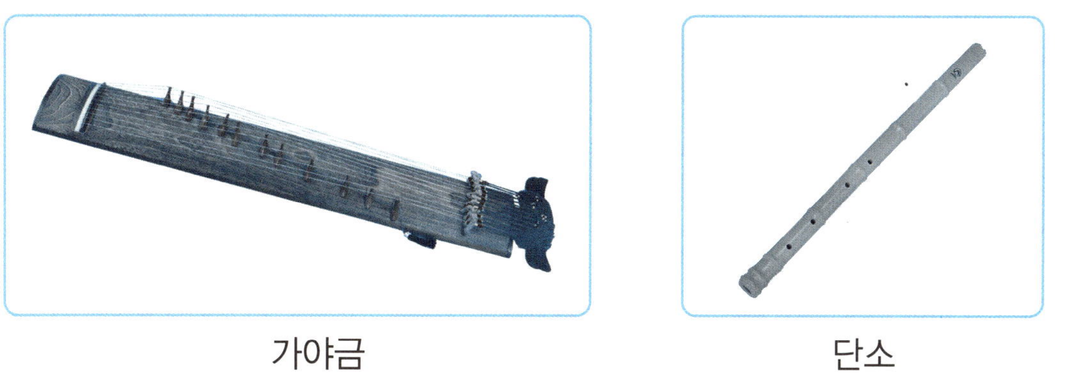

가야금   단소

1. 낮은음자리보표는 어느 것입니까? · · · · · · · · · · · · · · ( )

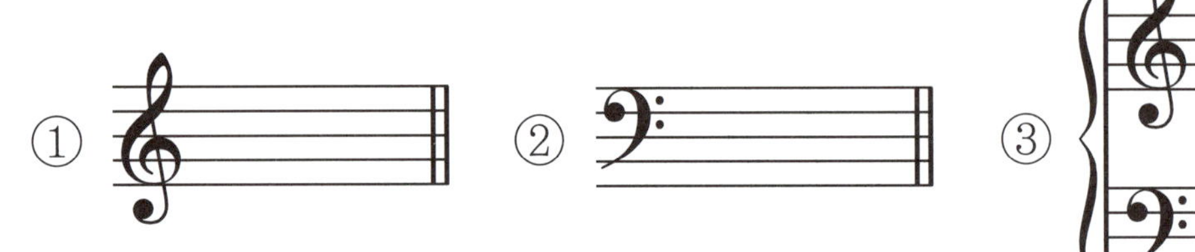

2. 다음 보표의 이름은 무엇입니까? · · · · · · · · · · · · · · · · · ( )

① 큰보표   ② 작은보표
③ 이은보표   ④ 활보표

3. 오선에 높은음자리표를 그리세요.

4. '차례가기' 진행이 <u>아닌</u> 것은 어느 것입니까? · · · · · · · · · ( )

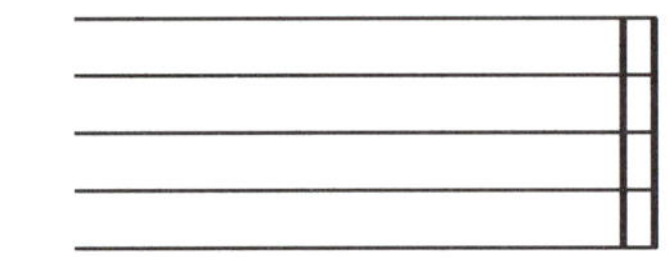

5. '차례가기' 진행이 되도록
■ 안에 온음표를 그리세요.

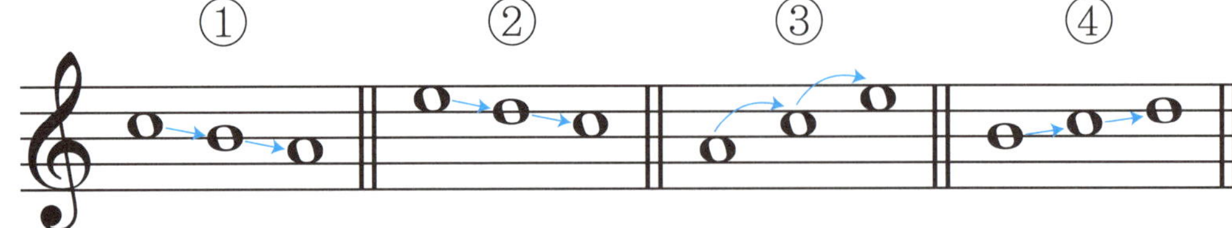

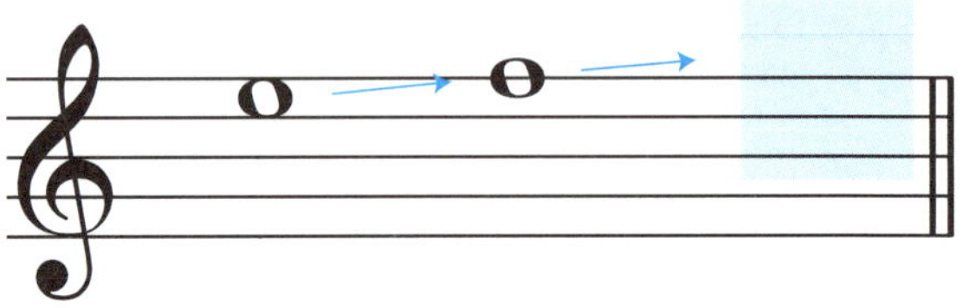

6. '뛰어가기' 진행은 어느 것입니까? ·················· (　　)

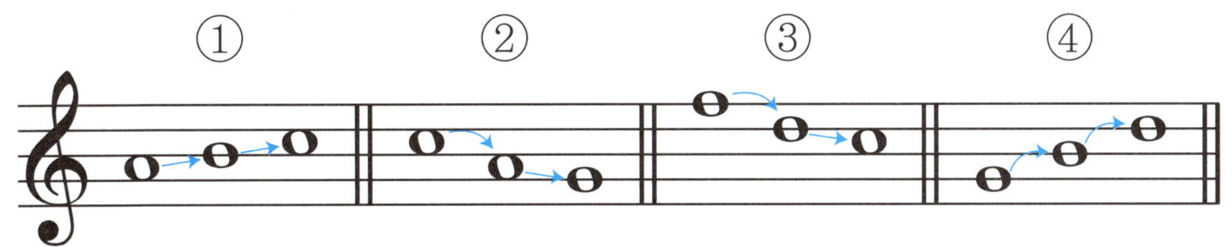

7. '뛰어가기' 진행이 되도록
　　■ 안에 온음표를 그리세요.

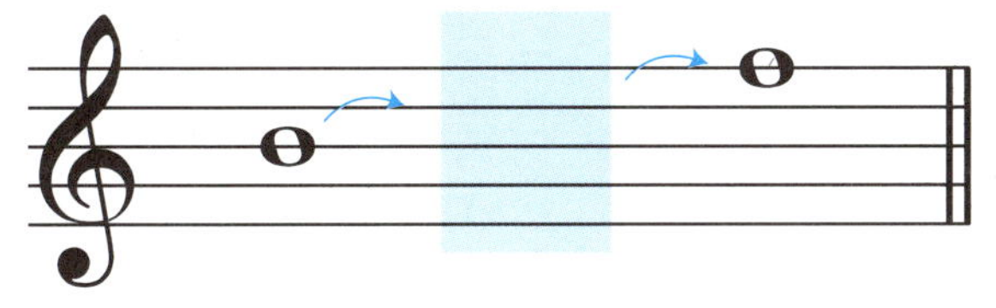

8. '차례가기' 진행을 할 때 ■ 안에 맞는 계이름은 무엇입니까?

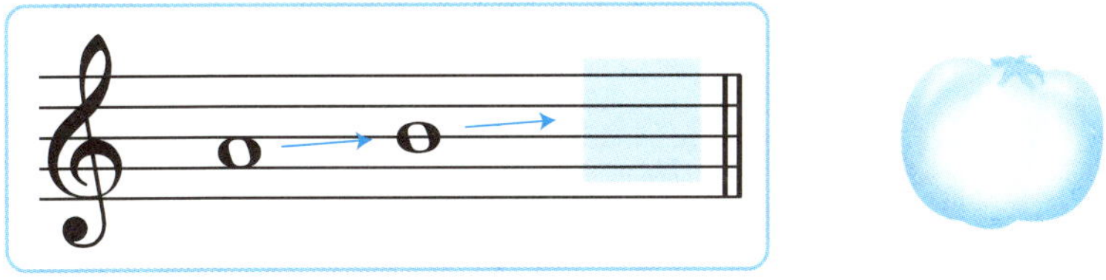

9. 다음 악보는 차례가기와 뛰어가기 중 어떤 진행입니까?

　　　　가기 진행

10. '뛰어가기' 진행이 되도록 ◯ 안에 계이름을 쓰세요.

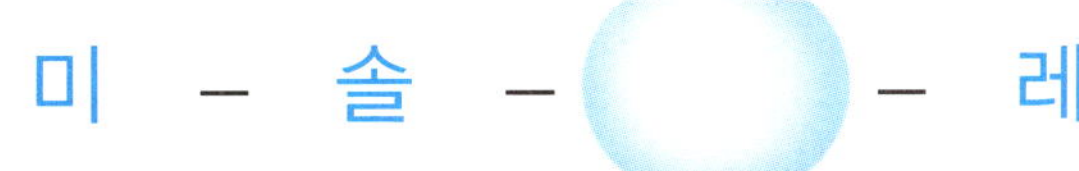

미 － 솔 － ◯ － 레

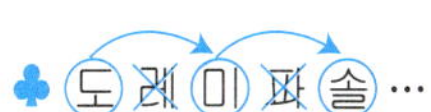

11

1. 다음 보표의 이름은 무엇입니까?

2. 올라가는 진행에 맞게 ☐ 안에 계이름을 쓰세요.

차례가기 : 도 – ☐ – 미   뛰어가기 : 도 – ☐ – 솔

3. '뛰어가기' 진행에 맞는 음은 어느 것입니까? ·········· (   )

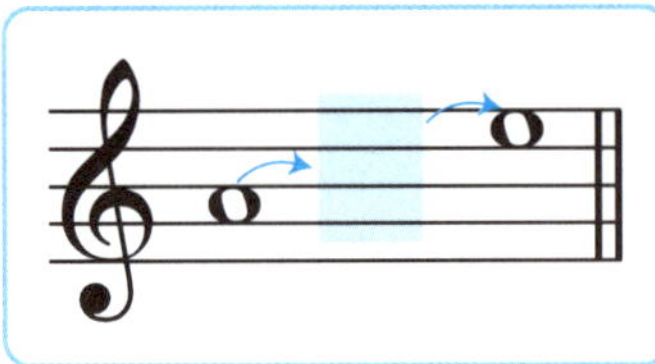

4. '뛰어가기' 진행이 아닌 것은 어느 것입니까? ·········· (   )

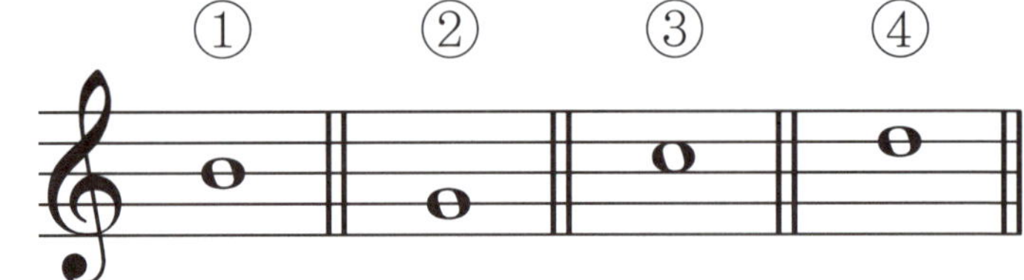

5. '뛰어가기' 진행은 어느 것입니까? ··················· (   )

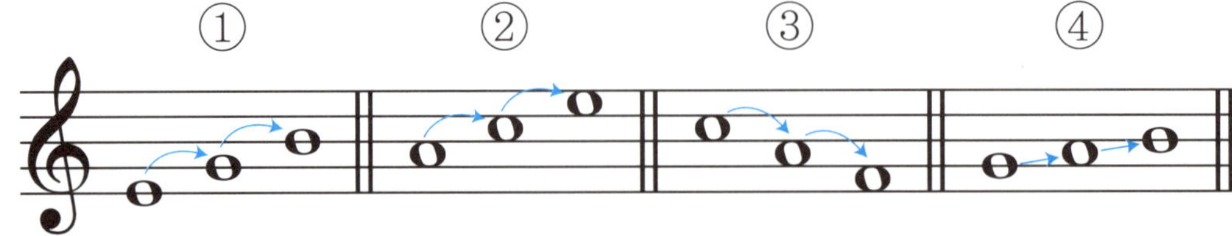

점 수

6. 건반과 음표를 맞게 연결한 것은 어느 것입니까? …… (　　)

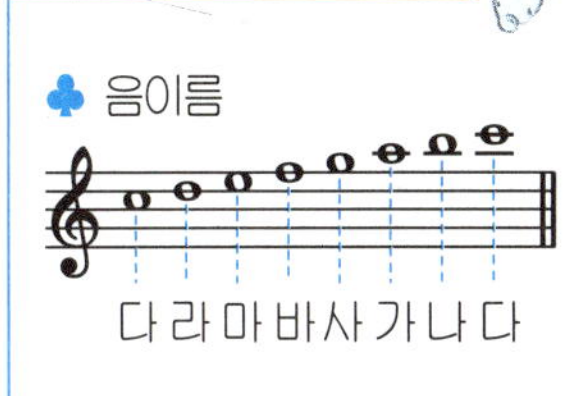

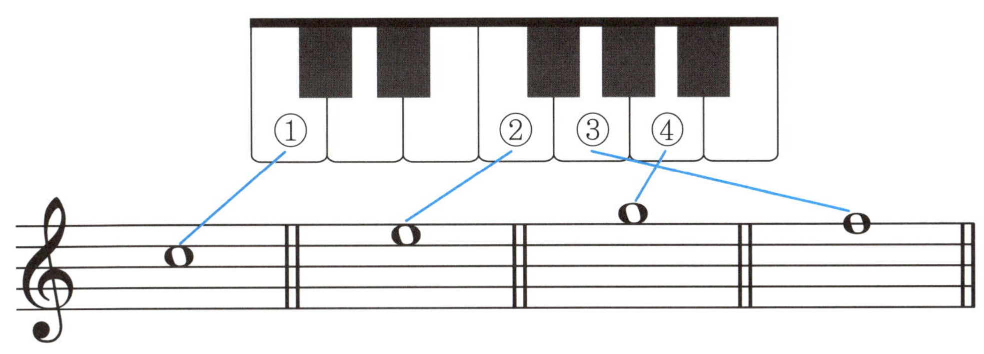

7. 계이름을 쓰세요.

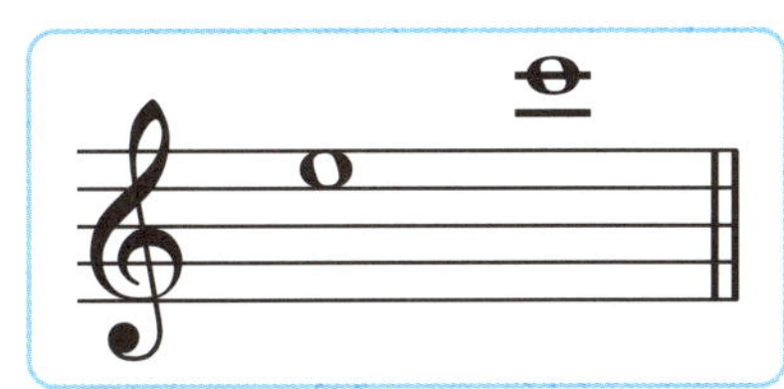

8. 계이름이 틀린 것은 어느 것입니까? ………………… (　　)

① 라　② 미　③ 시　④ 파

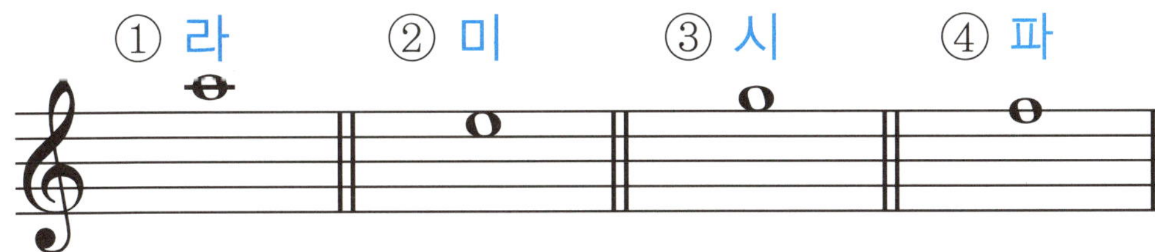

9. 음이름을 쓰세요.

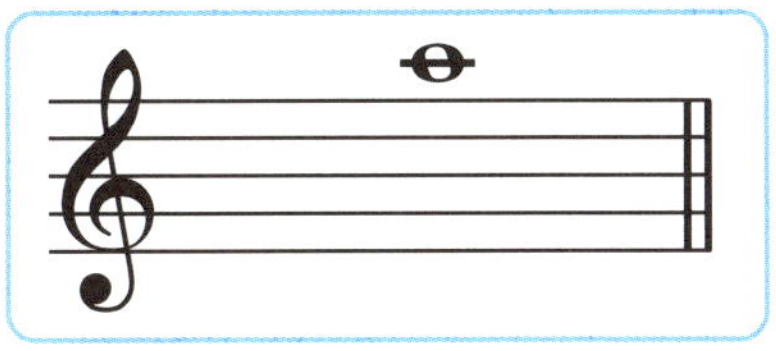

10. 음이름과 계이름이 잘못 짝지어진 것은 어느 것입니까? (　　)

① 바 – 파　② 가 – 도　③ 사 – 솔　④ 마 – 미

♣ 음이름

1. '차례가기' 진행은 어느 것입니까? · · · · · · · · · · · · · · · · · · · ( )

① 미－솔－시 ② 미－파－솔 ③ 미－파－레 ④ 미－솔－라

2. '뛰어가기' 진행에 맞지 <u>않는</u> 음은 어느 것입니까? · · · · · ( )

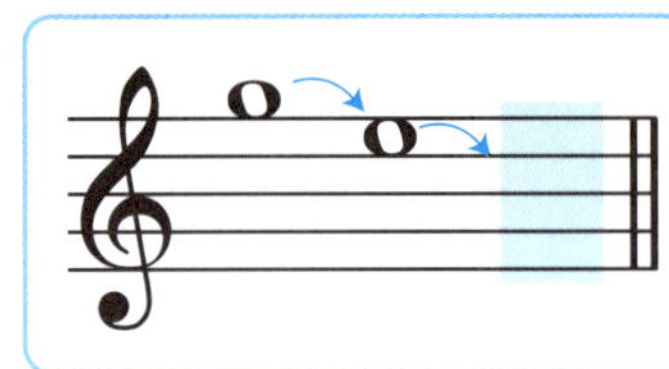

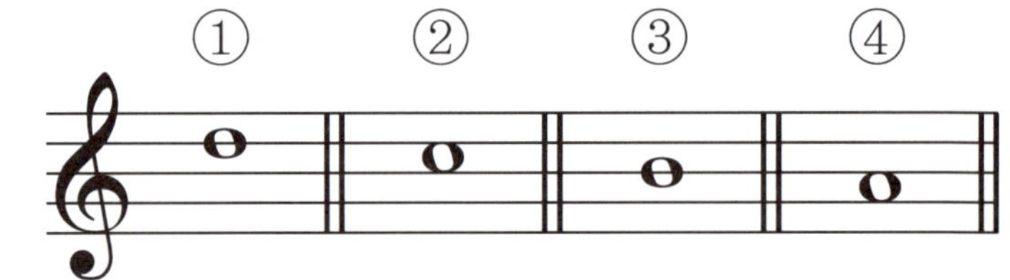

3. 악보에 맞는 계이름은 어느 것입니까? · · · · · · · · · · · · · · · · ( )

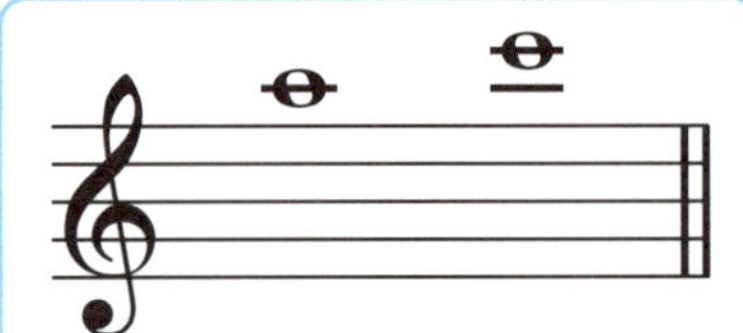

① 도 － 미   ② 라 － 시
③ 라 － 도   ④ 미 － 솔

4. 악보에 맞는 음이름은 어느 것입니까? · · · · · · · · · · · · · · · · ( )

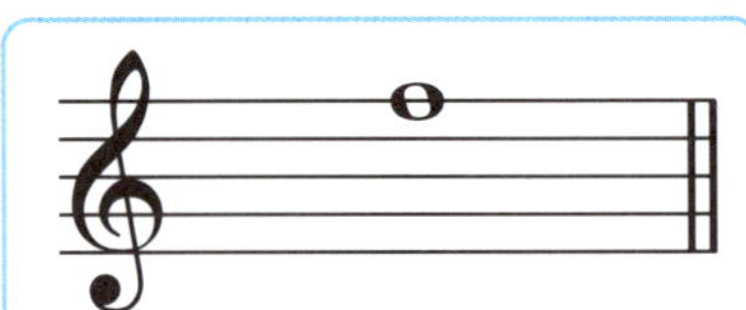

① 파   ② 바
③ 라   ④ 가

5. 음이름 '마'는 어느 것입니까? · ( )

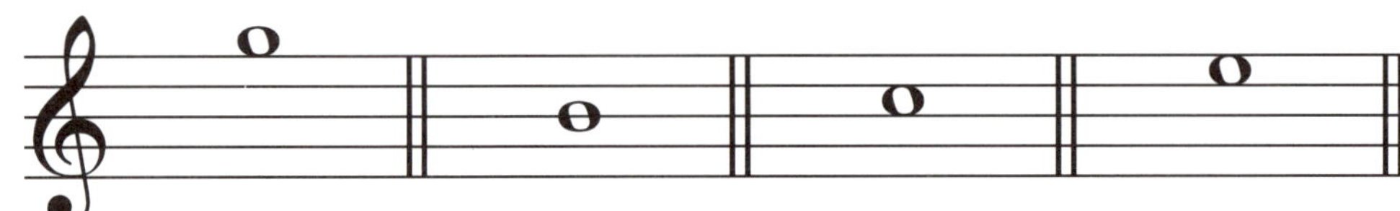

6. 계이름을 쓰세요.

7. 음이름을 쓰세요.

8. 계이름에 맞는 음이름을 쓰세요.

계이름	도	레	미	파	솔
음이름		라	마		사

9. 다음 음이 그려진 덧줄의 이름은 무엇입니까? ········· (   )

① 위첫째줄   ② 위둘째줄
③ 위첫째칸   ④ 위둘째칸

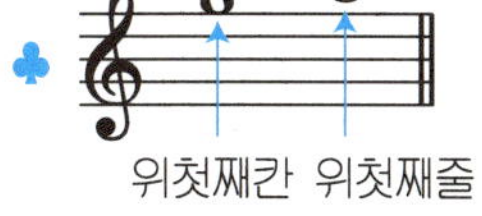

10. 다음 음이 그려진 덧칸의 이름을 쓰세요.

위  칸

음악이론 평가문제

1. 다음 계이름은 어떤 진행입니까?

파 – 미 – 레 – 도

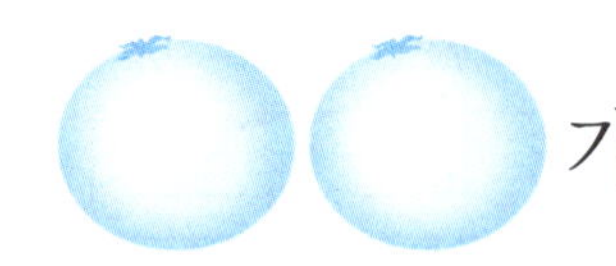
가기 진행

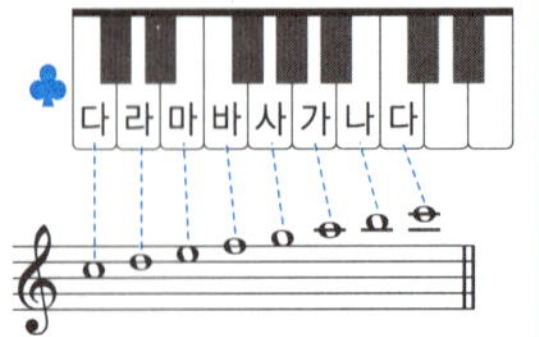

2. 음이름이 <u>아닌</u> 것은 어느 것입니까? ····················· (   )

① 마   ② 사   ③ 레   ④ 바

3. 건반에 표시된 음은 어느 것입니까? ····················· (   )

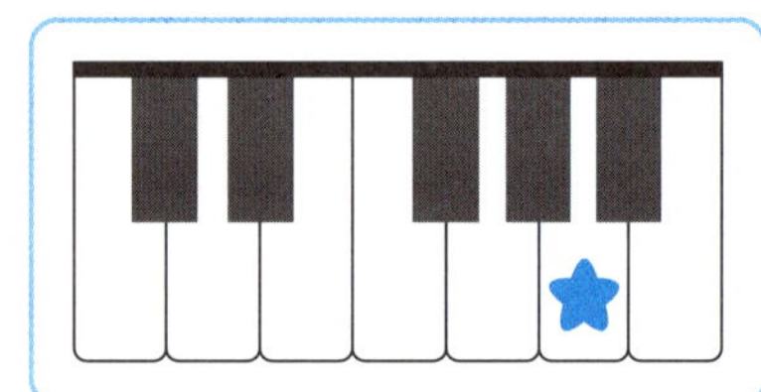

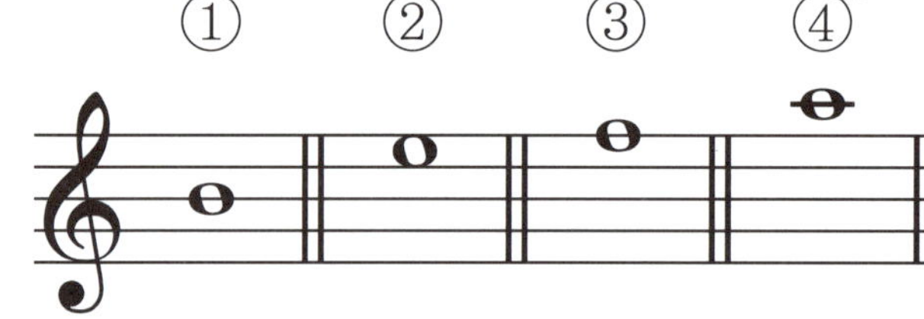

4. 계이름이 '미·솔·도'인 것은 어느 것입니까? ········· (   )

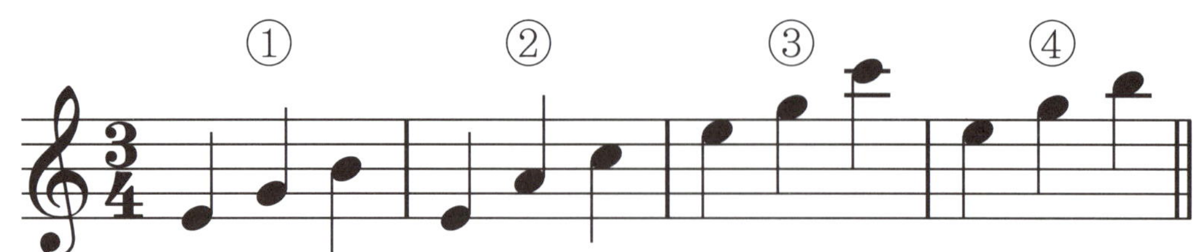

5. 음이름을 쓰세요.

6. 위셋째줄에 있는 음은 어느 것입니까? ·················· (   )

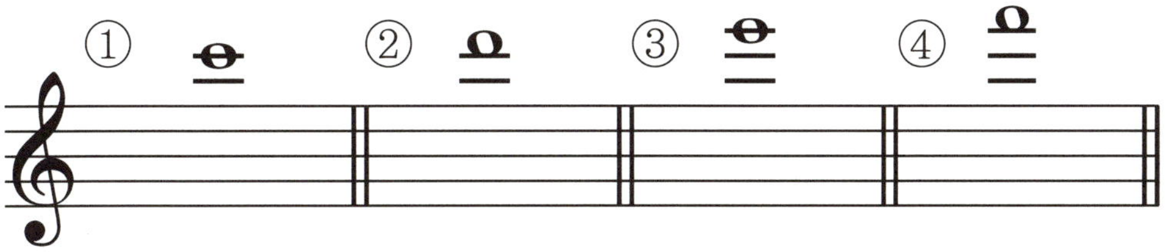

7. 다음 음이 그려진 덧칸의 이름은 무엇입니까? ········· (   )

① 위셋째칸   ② 셋째칸

③ 위둘째칸   ④ 둘째칸

8. 아래둘째줄에 있는 음은 어느 것입니까? ············· (   )

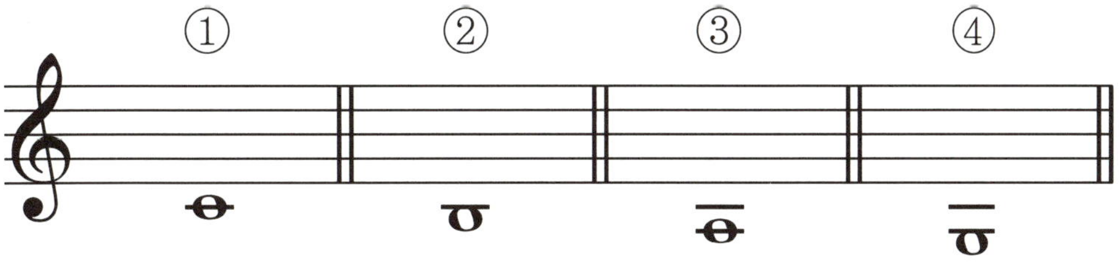

9. 아래첫째줄에 온음표를
그리세요.

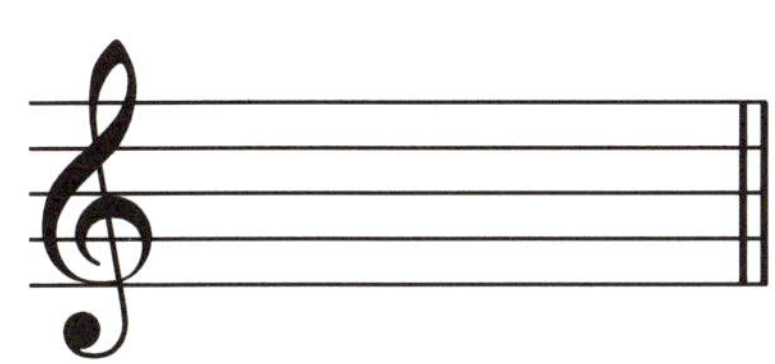

10. 위둘째칸에 온음표를
그리세요.

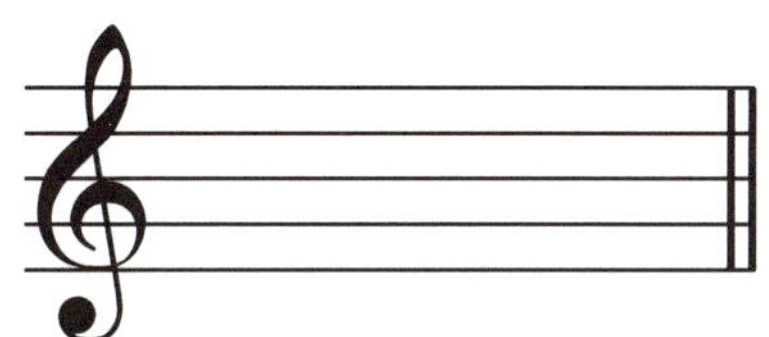

음악이론 평가문제

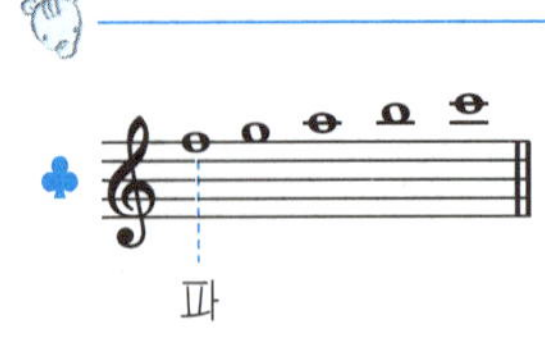

1. 다음 악보에 맞는 건반은 어느 것입니까? ·············· (   )

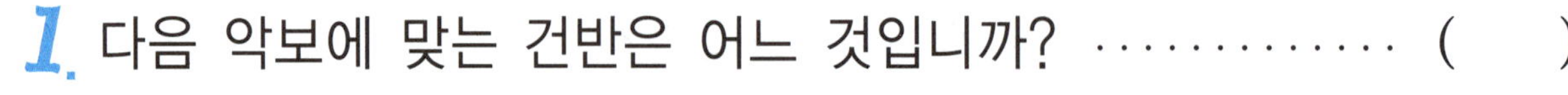

♣ 도 - 레 - 미 …
  다 - 라 - 마 …

2. 음이름 '사'는 어느 것입니까? ························ (   )

3. 계이름을 쓰세요.

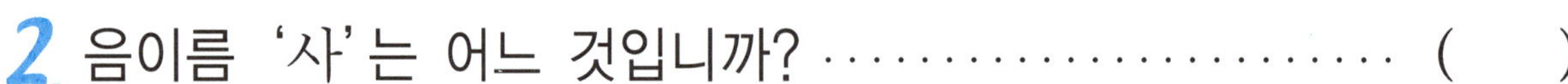

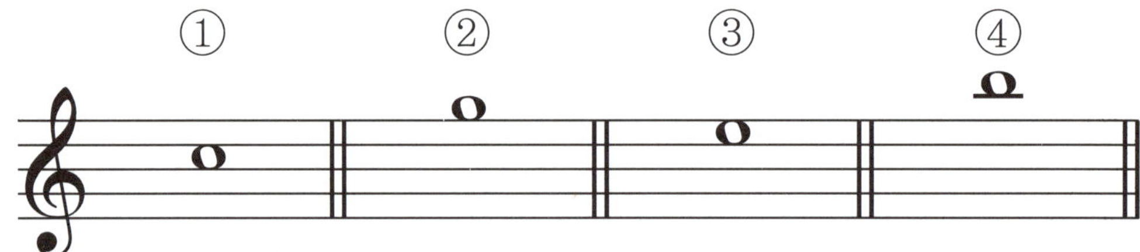

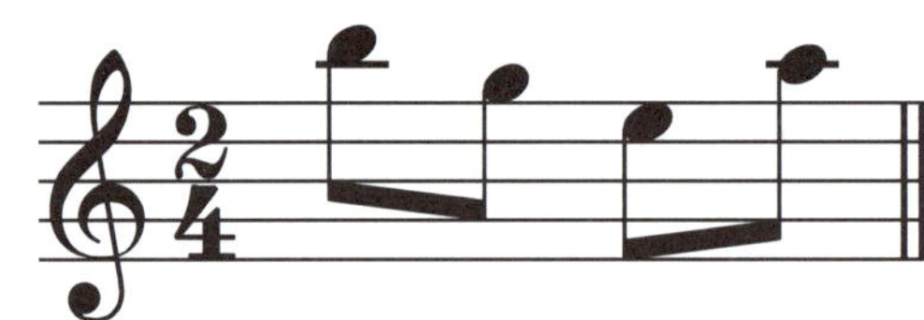

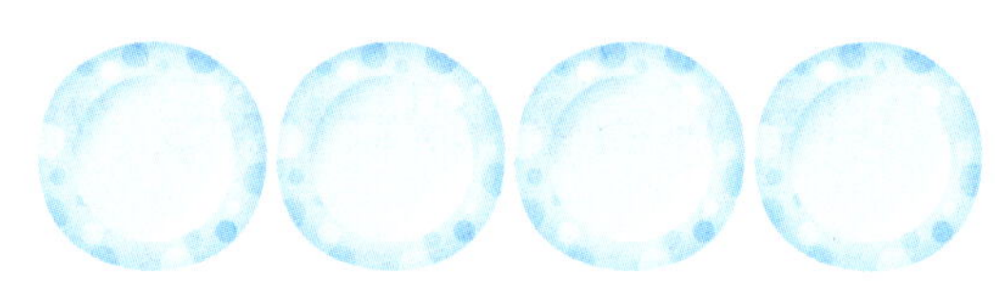

4. 위둘째칸에 있는 음표는 어느 것입니까? ············· (   )

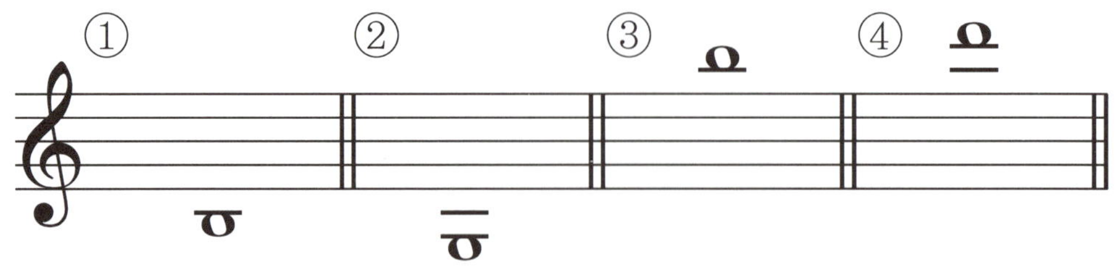

5. 오선 밖의 음을 그릴 때 사용하는 것은 무엇입니까? ··· (   )

① 덧줄   ② 덧선   ③ 보조선   ④ 점선

6. 다음 음표의 계이름은 무엇입니까? · · · · · · · · · · · · · · · · (   )

① 아래도   ② 높은도
③ 가온도   ④ 낮은도

7. 다음 악보의 음과 똑같은 것은 어느 것입니까? · · · · · · · (   )

①   ②   ③   ④

8. 표시된 점과 박의 길이가 같은 음표는 무엇입니까? · · · (   )

①   ②   ③   ④

9. 다음 음표의 이름은 무엇입니까? · (   )

① 4분음표   ② 5분음표
③ 4분쉼표   ④ 점4분음표

10. 다음 음표는 몇 박입니까? · (   )

① 한 박   ② 한 박 반
③ 두 박   ④ 두 박 반

♣ 점은 앞 음표의 반($\frac{1}{2}$) 길이입니다

음악이론 평가문제

1.  안에 맞는 것을 쓰세요.

계이름 :　　　　　　덧줄 :

2. 다음 악보의 음과 똑같은 것은 어느 것입니까? ········ (　　)

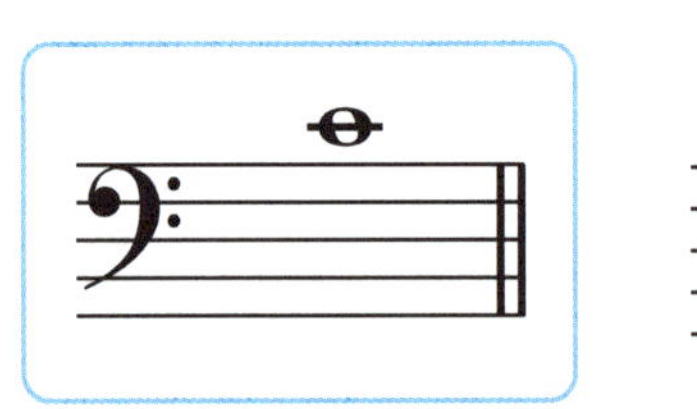 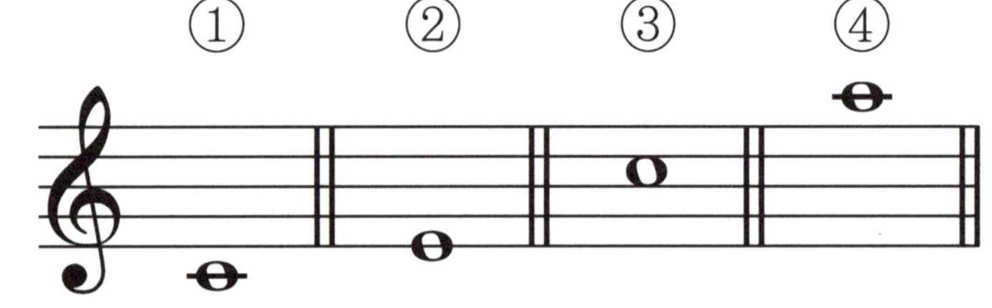

3. 안에 맞는 음표를 그리세요.

4. 다음 음표의 이름을 쓰세요.

 　　　　　　음표

5. 다음 음표와 길이가 같은 것은 어느 것입니까? ········ (　　)

6. ♩ = 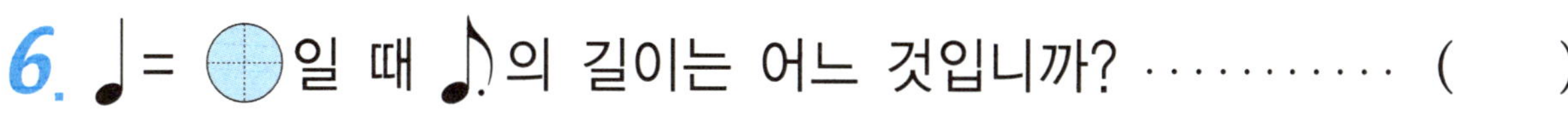 일 때 ♪.의 길이는 어느 것입니까? ·········· (   )

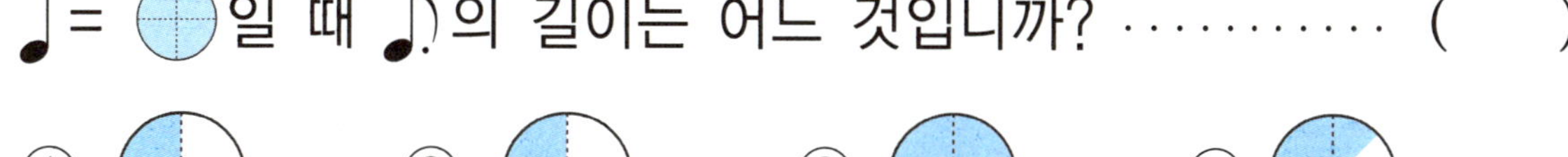
① ② ③ ④

7. 다음 쉼표의 이름은 무엇입니까? ····················· (   )

① 4분쉼표　　　② 8분쉼표
③ 점8분쉼표　　④ 점4분쉼표

8. ◯ 안에 맞는 쉼표를 그리세요.　　　🎵. = 🎵 + ◯

9. 다음 음표와 길이가 <u>다른</u> 것은 어느 것입니까? ········ (   )

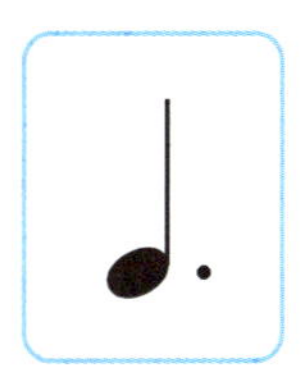

① ♩ + ♪　　　② 𝄾 + 𝄾
③ ♪ + ♪ + ♪　　④ 𝄽.

10. 다음 음표와 길이가 같은 것은 어느 것입니까? ········ (   )

① 𝄾.　　　② 𝄽.　　　③ 𝄾 + 𝄾

1. 다음 중 '가온도'는 어느 것입니까? ……………… ( )

① ② ③ ④

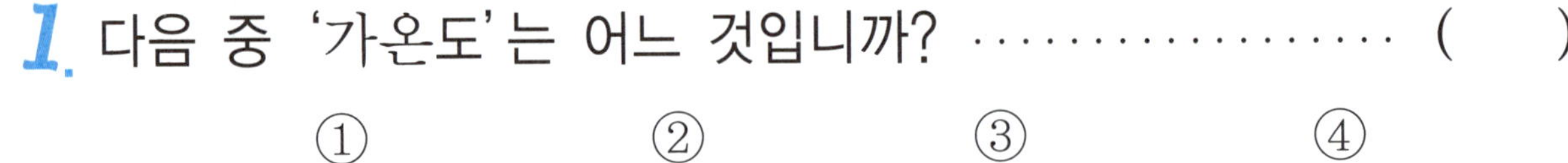
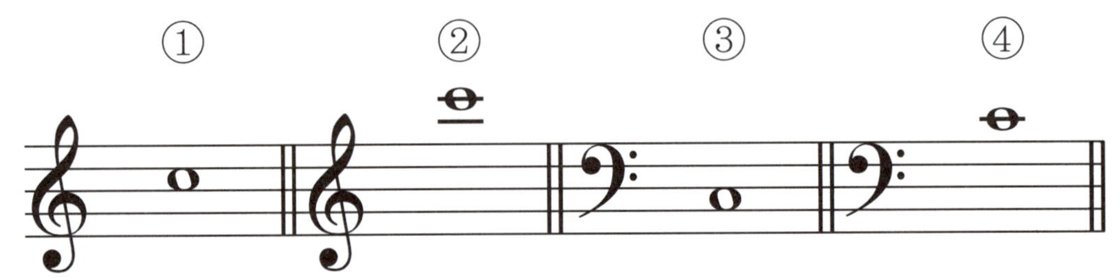

2. 점은 앞에 있는 음표의 얼마만큼의 길이입니까? …… ( )

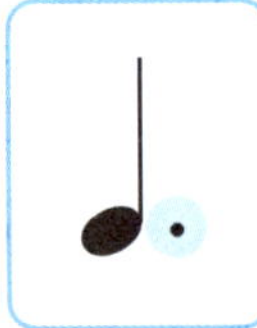

① 2배　　　　② $\frac{1}{2}$

③ $\frac{1}{4}$　　　　④ $\frac{3}{4}$

3. 다음 쉼표의 길이는 몇 박입니까? ………………………… ( )

① 한 박　　　　② 반 박

③ 한 박 반　　　　④ $\frac{3}{4}$박

4. 박의 길이가 <u>다른</u> 하나는 어느 것입니까? ………… ( )

① ♩.　　② 𝄾 + 𝄾 + 𝄾　　③ ━.　　④ ♪ + ♪ + ♪

5. 다음 중 '스타카토'는 어느 것입니까? ……………… ( )

① 　② 　③ 　④ 

6. 다음 연주 기호의 이름은 무엇입니까? ················· (　　)

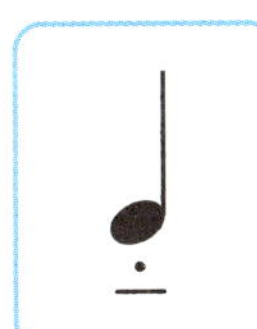

① 스타카토　　　　　② 메조 스타카토
③ 테누토　　　　　　④ 스타카티시모

7. 가장 길게 연주하는 것은 어느 것입니까? ··········· (　　)

① 　　② 　　③ 

8. 다음 음표 길이만큼 연주하는 것은 어느 것입니까? ···· (　　)

① 　　②　　③

9. 한 마디 전체를 쉴 때 박자표와 관계 <u>없이</u> 사용하는 쉼표는 무엇입니까? ··· (　　)

① 　　② 　　③ 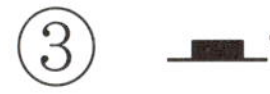　　④

10. 3박을 쉬는 온쉼표는 어느 것입니까? ················· (　　)

①　　②　　③　　④

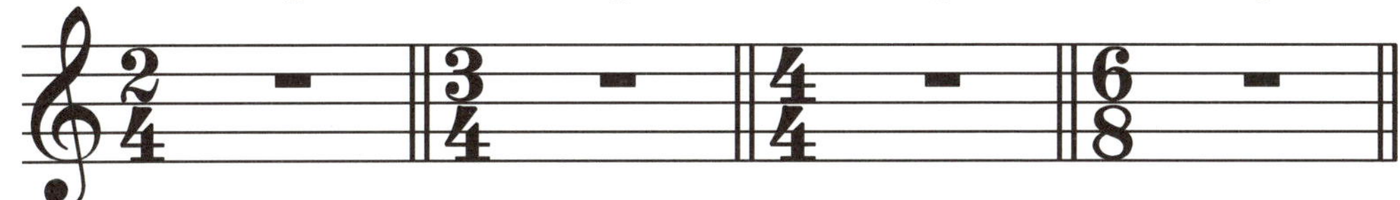

음악이론 평가문제

1. 점4분음표는 어느 것입니까? ····························· (   )

① ② ③ ④

2. '◕' 길이의 음표는 어느 것입니까? ················· (   )

① ② ③ ④

3. 길이가 같은 것끼리 줄로 이으세요.

4. 다음 음표의 실제 연주 길이는 어느 것입니까? ········ (   )

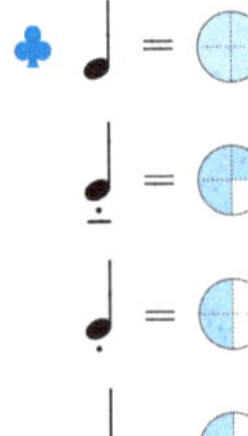

① ② ③ ④

5. 다음 음표의 실제 연주 길이는 어느 것입니까? ······· (   )

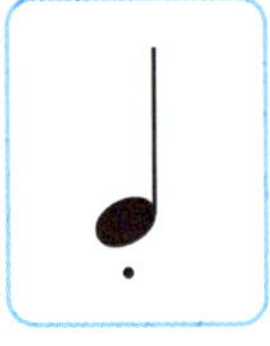

① ② ③ ④

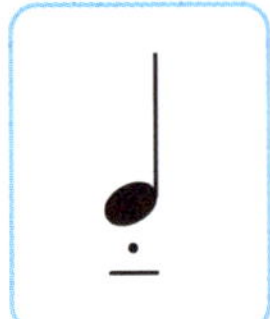

6. 길이가 긴 음표부터 나열한 것은 어느 것입니까? …… (   )

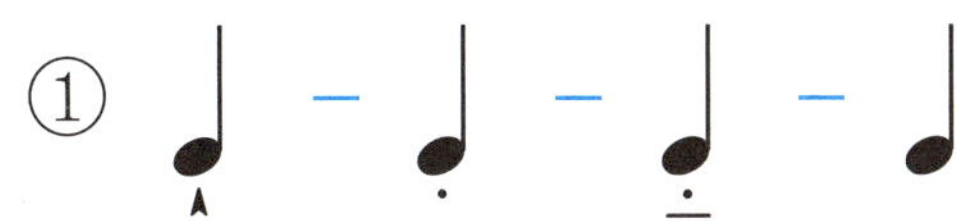
①

②

③

④

7. 한 마디 전체를 쉴 때 사용하는 쉼표는 어느 것입니까? (   )

① ② ③ ④

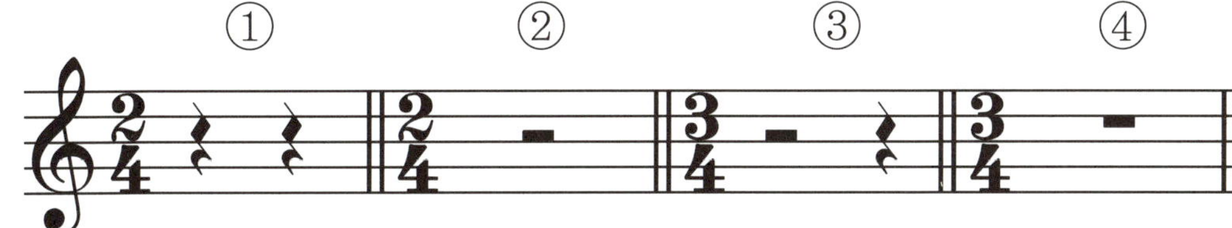

♣ 한 마디 전체를
   쉴 때는 항상 온쉼표

8. 2박을 쉬는 온쉼표는 어느 것입니까? ……………… (   )

① ② ③ ④

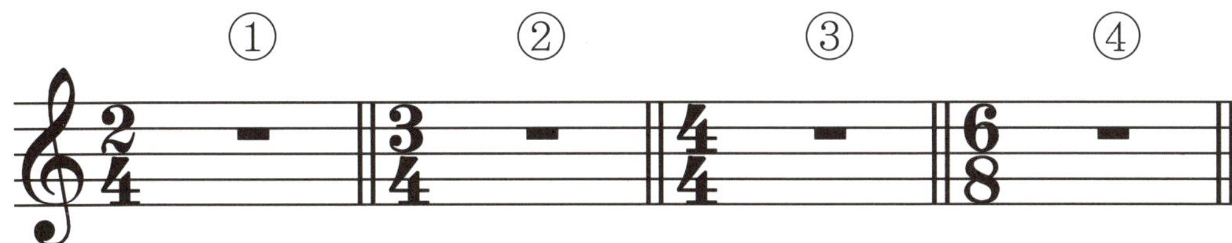

9. ★의 온음 위 건반은
어디입니까?

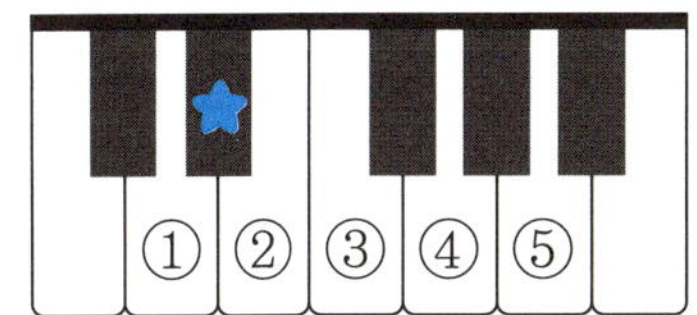

10. ●의 반음 아래 건반을
색칠하세요.

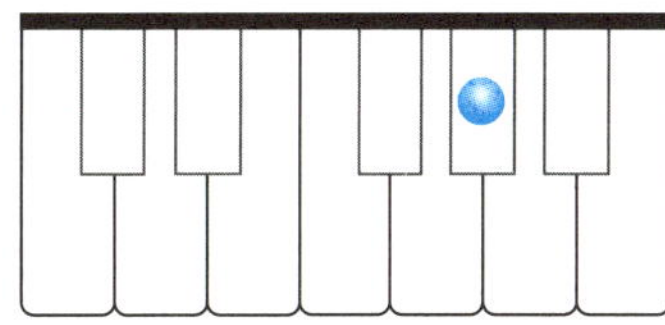

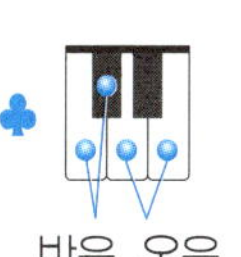
♣ 반음 온음

♣ 가장 짧은 스타카토

1. 다음 중 '스타카티시모'는 어느 것입니까? ············ (   )

① 　② 　③ 　④ 

2. 다음과 같이 연주하는 음표는 어느 것입니까? ········· (   )

　① 　② 　③ 　④ 

♣ 온쉼표

3. 한 마디 전체를 쉴 때 사용하는 쉼표를 그리세요.

4. 다음 중 잘못된 마디는 어느 것입니까? ·············· (   )

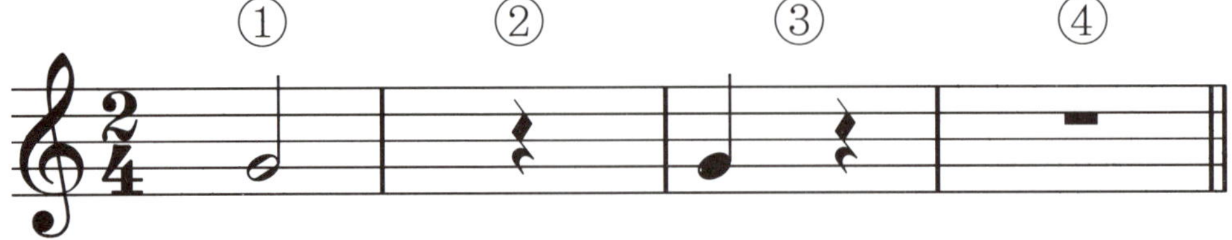

5. 두 음 사이가 반음인 것은 어느 것입니까? ·········· (   )

① 도 – 레　② 미 – 파　③ 파 – 솔　④ 라 – 시

26

6. 두 음 사이의 거리를 나타내는 말은 무엇입니까? ······ (   )

① 화음   ② 음정   ③ 박자   ④ 기

7. 두 음 사이의 거리는 몇 도입니까? ···················· (   )

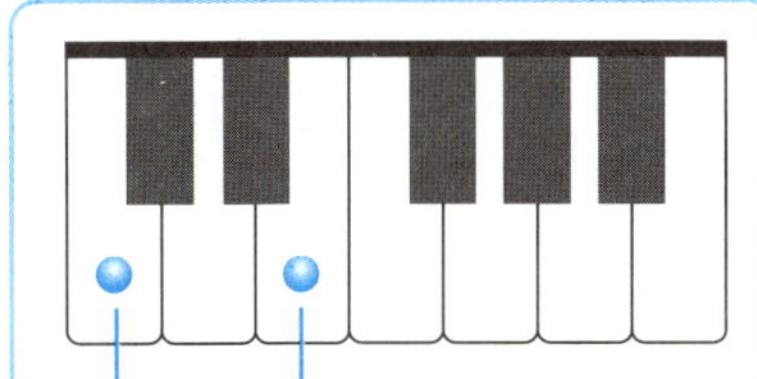

① 1도   ② 2도
③ 3도   ④ 4도

8. 다음 중 '1도'는 어느 것입니까? ···················· (   )

①   ②   ③   ④

9. 두 음 사이의 거리는 몇 도입니까? ················· (   )

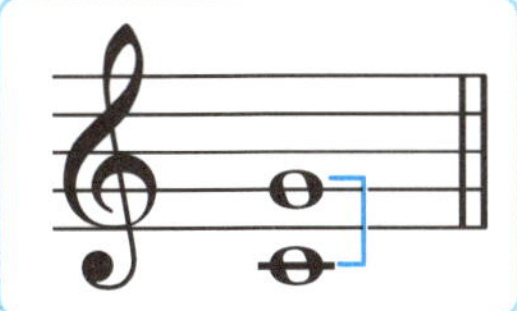

① 3도   ② 4도
③ 5도   ④ 6도

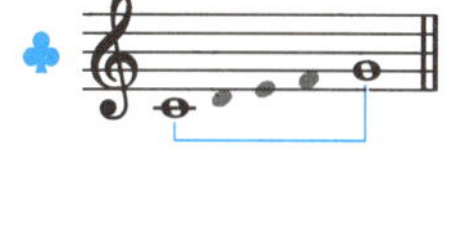

10. '도'와 4도 관계인 음은 무엇입니까? ··············· (   )

① 미   ② 파   ③ 라   ④ 시

음악이론 평가문제

1. 한 마디 전체를 쉬는 쉼표는 어느 것입니까? ············· (   )

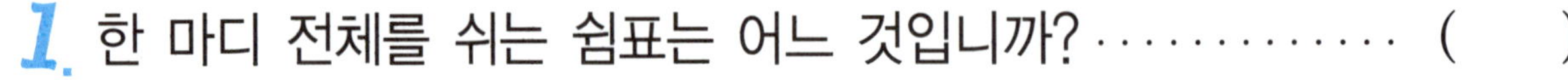

2. 온음 관계인 것은 어느 것입니까? … (   )

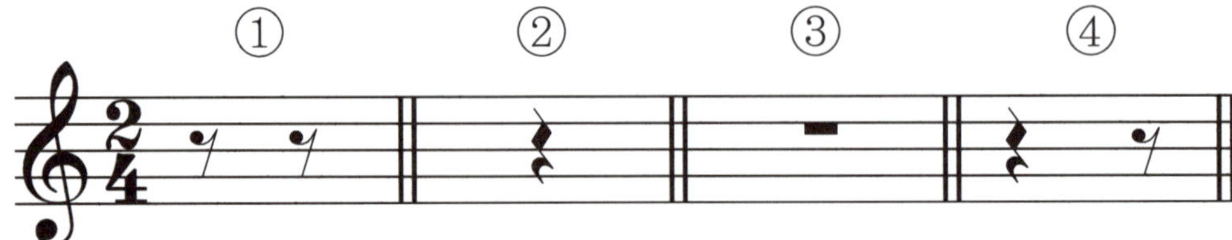

3. 음정을 쓰세요.

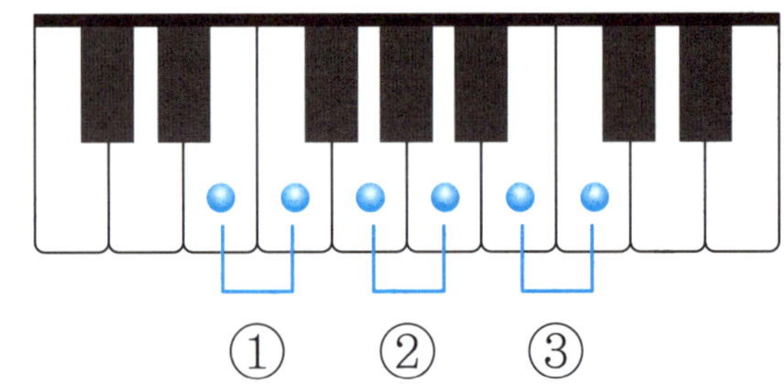

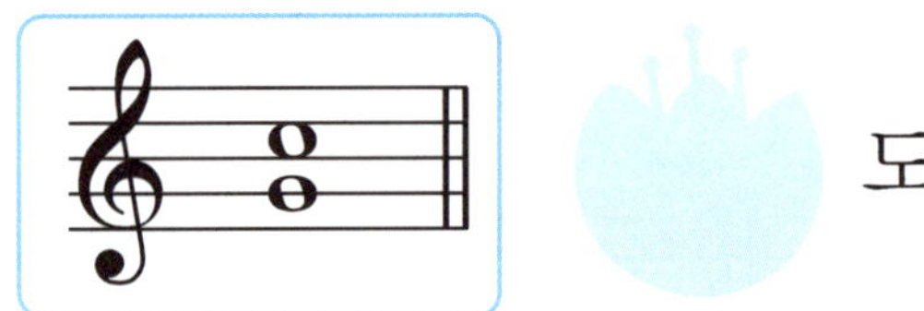

4. 다음 중 '3도'는 어느 것입니까? ·················· (   )

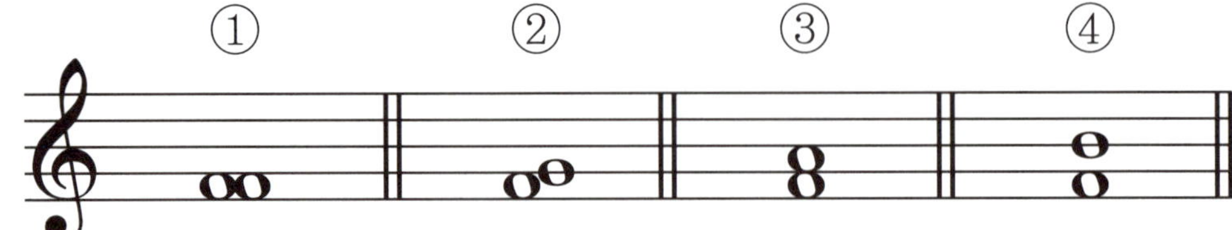

5. 음정이 맞는 것은 어느 것입니까? ·················· (   )

6. '도'와 3도 관계인 음은 어느 것입니까? ············ (   )

① 레   ② 미   ③ 파   ④ 솔

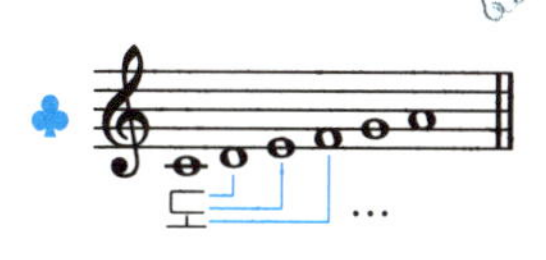

7. 높이가 다른 2개 이상의 음이 어울려서 나는 소리를 무엇이라고 합니까? ·························· (   )

① 음정   ② 셈여림   ③ 화음   ④ 멜로디

8. 다음 중 화음은 어느 것입니까? ····················· (   )

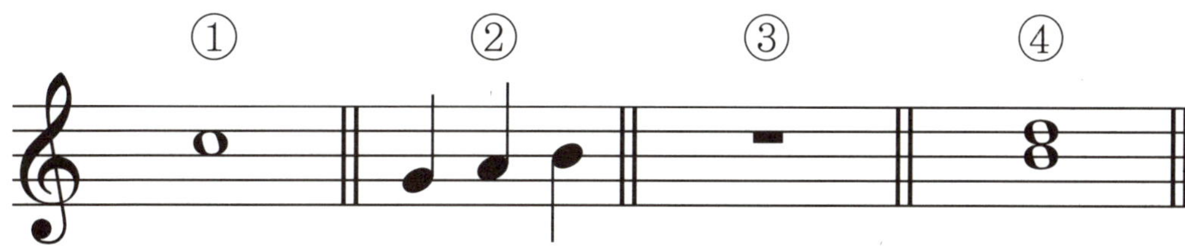

♣ 높이가 다른 2개 이상의 음이 동시에 소리남

9. 다음 중 3화음은 어느 것입니까? ····················· (   )

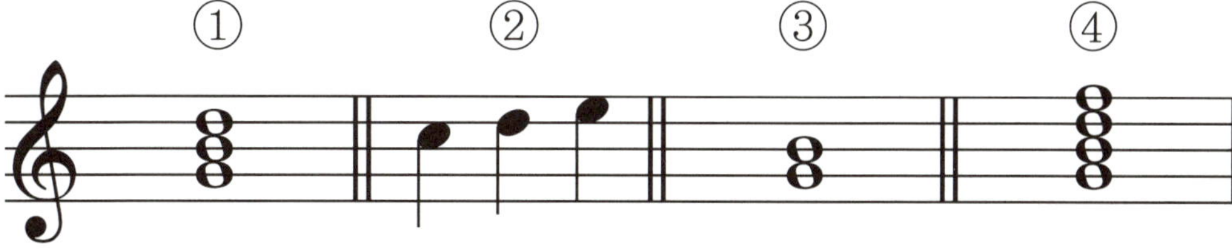

♣ 3화음 : 3개의 음을 3도씩 쌓아 올림

10. 화음이 다른 하나는 어느 것입니까? ················ (   )

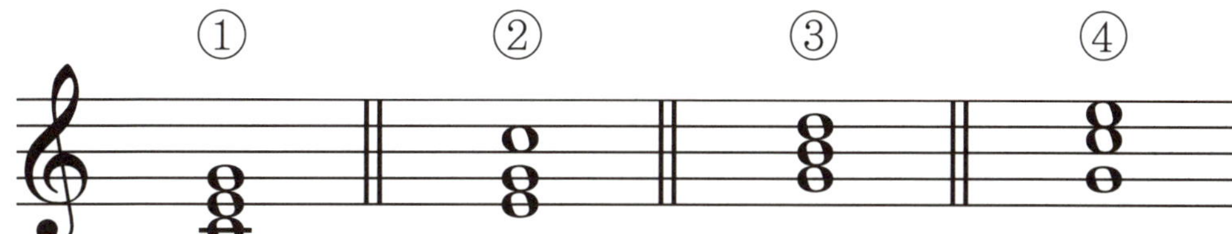

♣ 화음을 이루고 있는 계이름이 같으면 같은 화음입니다

음악이론 평가문제

1. 두 음 사이의 거리를 무엇이라고 합니까?

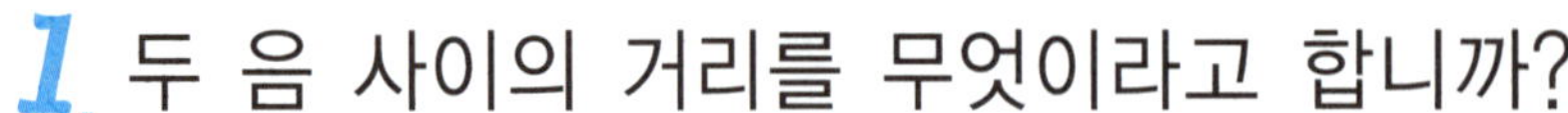

2~3 음정을 쓰세요.

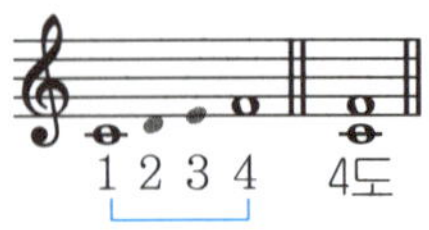

2.

도

3.

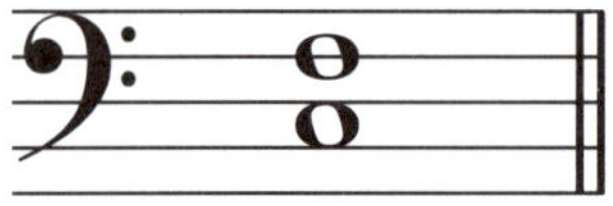

도

4. 음정이 <u>다른</u> 하나는 어느 것입니까? ·················· (   )

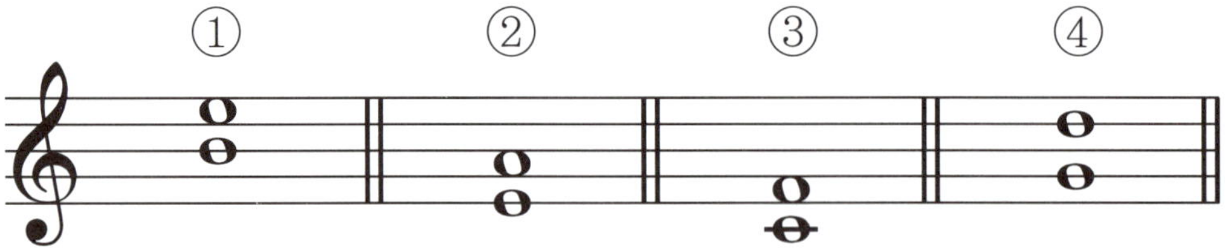

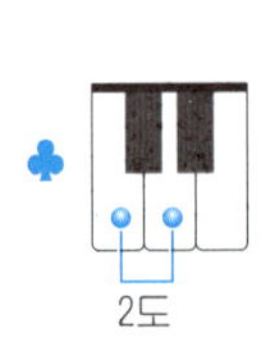

5. ★와 '5도' 관계인 음의 건반은 어디입니까?

번

6. 화음이 <u>아닌</u> 것은 어느 것입니까? ····················· (   )

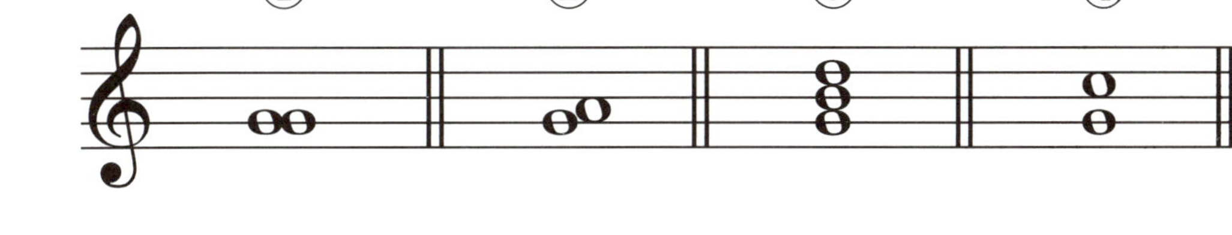

7. 다장조의 으뜸화음은 어느 것입니까? ················· (   )

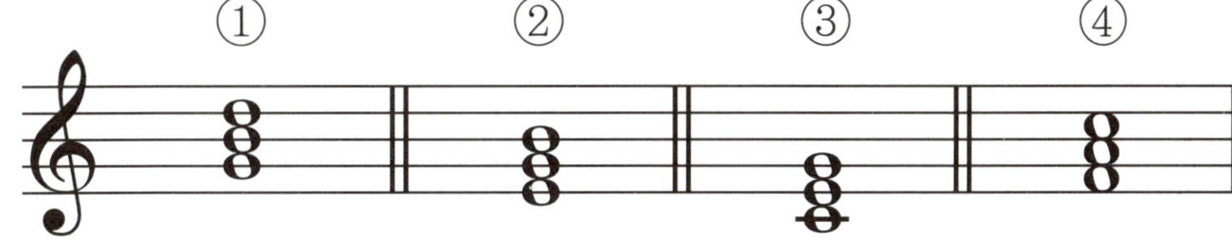

8. 주요 3화음이 <u>아닌</u> 것은 어느 것입니까? ·············· (   )

① 으뜸화음　　　　　② 버금딸림화음
③ 딸림화음　　　　　④ 버금으뜸화음

9. 다장조의 주요 3화음이 <u>아닌</u> 것은 어느 것입니까? ····· (   )

① 도미솔　　　　　② 미솔시
③ 파라도　　　　　④ 솔시레

10. '솔시레' 는 다장조의 어떤 화음입니까? ··············· (   )

① 으뜸화음　　　　② 딸림화음　　　　③ 버금딸림화음

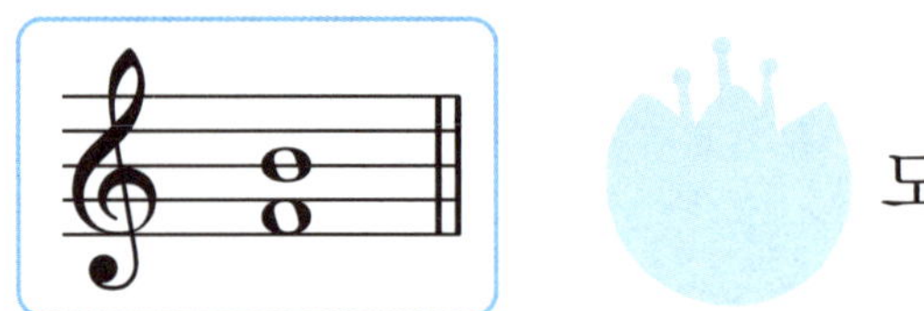

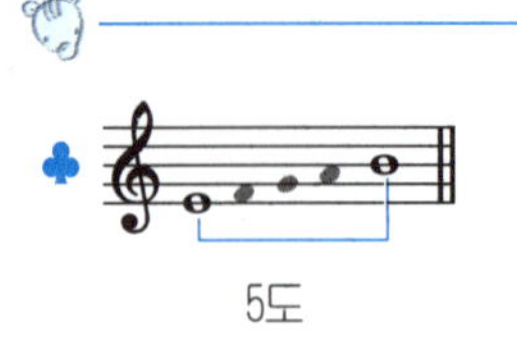

1. 음정을 쓰세요.

도

2. 다음 중 '3도'는 어느 것입니까? ····················· (   )

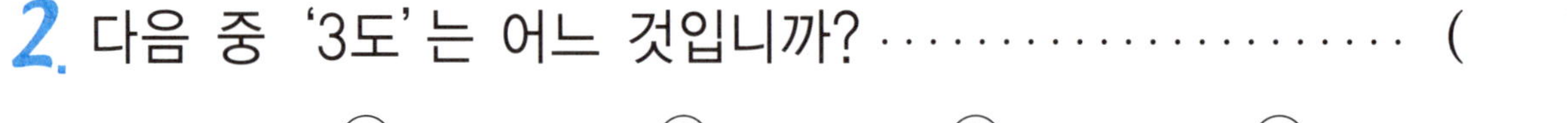

3. 높이가 다른 2개 이상의 음이 어울려서
나는 소리를 무엇이라고 합니까?

4. 다장조의 으뜸화음은 어느 것입니까? ················· (   )

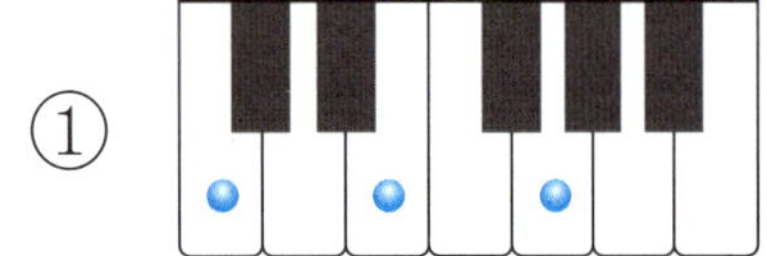

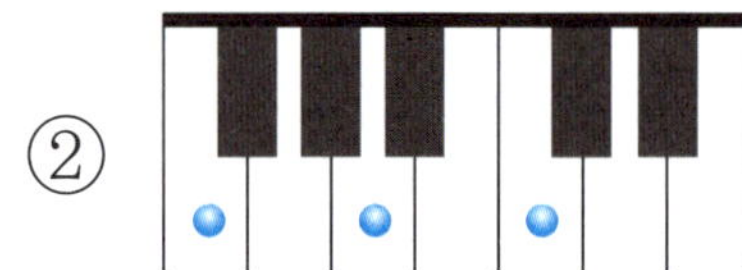

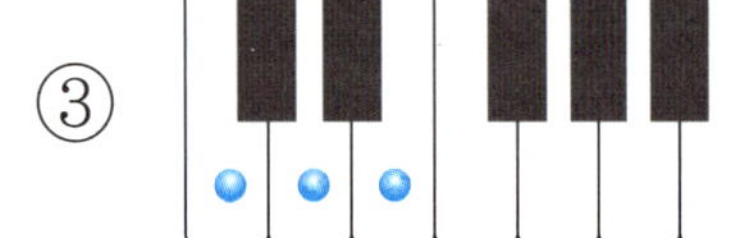

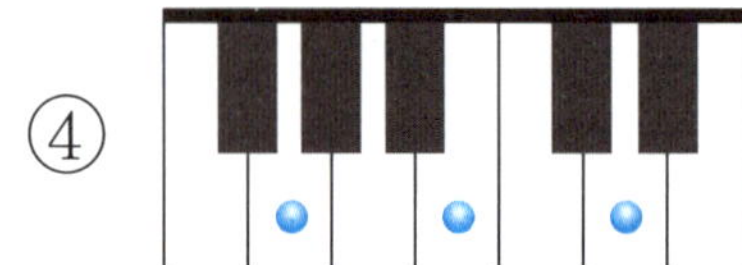

5. 다장조의 으뜸화음이 <u>아닌</u> 것은 어느 것입니까? ······· (   )

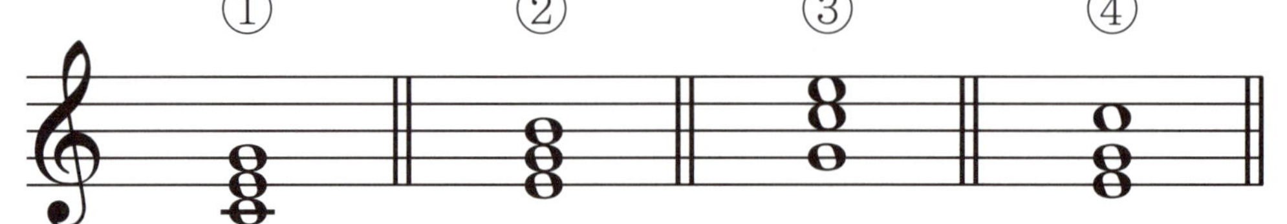

점수

6. '파라도'는 다장조의 어떤 화음입니까? .... (　　)

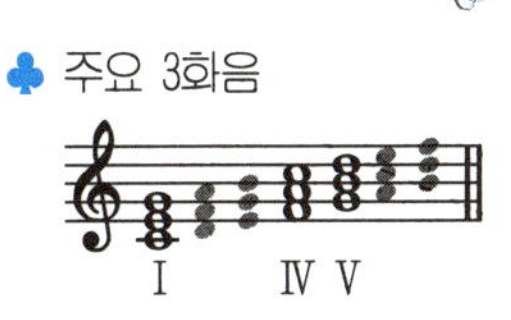

① 으뜸화음　② 버금딸림화음　③ 딸림화음

♣ 주요 3화음

7. 잘못 연결된 것은 어느 것입니까? .... (　　)

① Ⅰ – 으뜸화음　② Ⅴ – 딸림화음
③ Ⅳ – 버금딸림화음　④ Ⅴ – 으뜸화음

8. 다장조의 버금딸림화음은 어느 것입니까? .... (　　)

①　②　③　④

9. 다장조의 딸림화음을 온음표로 그리세요.

10. 다장조의 주요 3화음을 모두 고르세요. ...... (　　,　　,　　)

①　②　③　④　⑤　⑥　⑦

♣ Ⅰ - 도미솔
Ⅳ - 파라도
Ⅴ - 솔시레

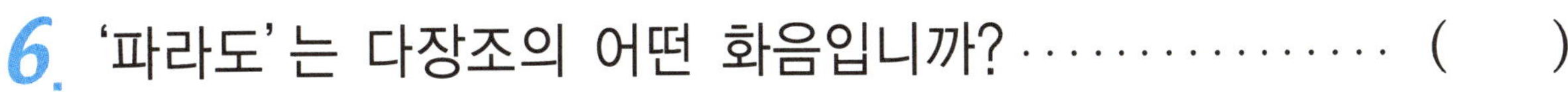

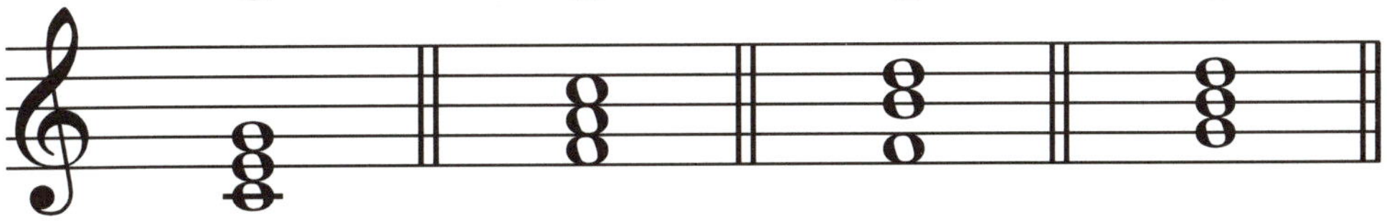

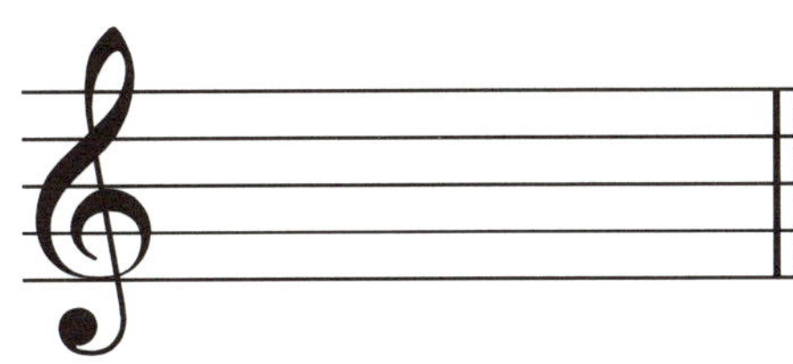

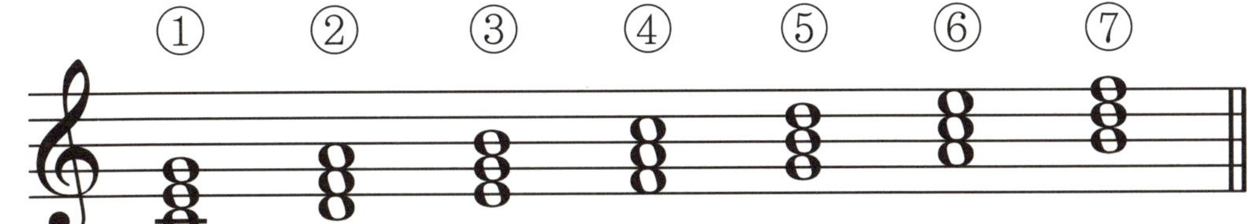

음악이론 평가문제

1. 다음 음의 5도 위에 음표를 그리세요.

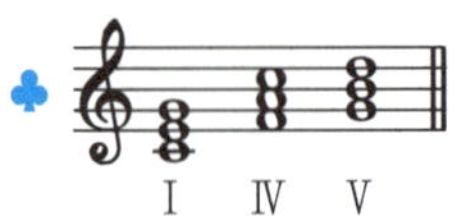

2. 다장조의 딸림화음은 어느 것입니까? ······················ (　　)

① 도미솔　　② 미솔시　　③ 파라도　　④ 솔시레

3. 다장조의 버금딸림화음은 어느 것입니까? ············· (　　)

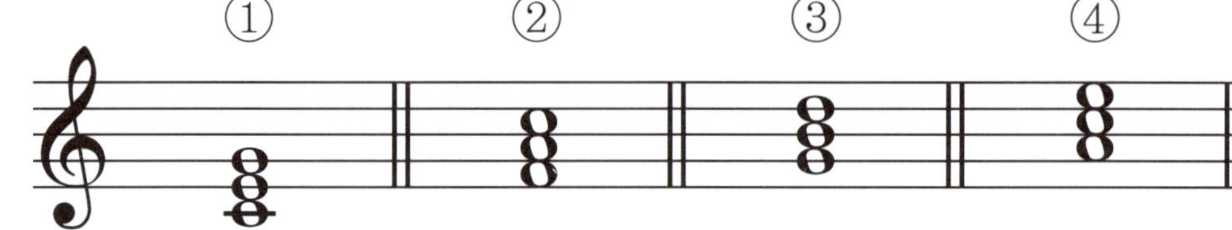

4. 표시된 건반은 다장조의 어떤 화음입니까? ············· (　　)

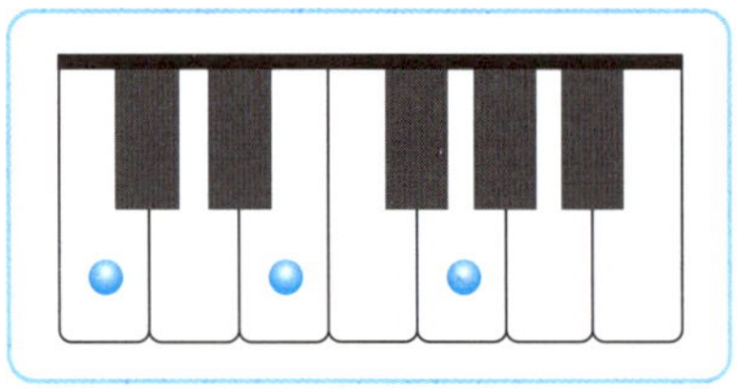

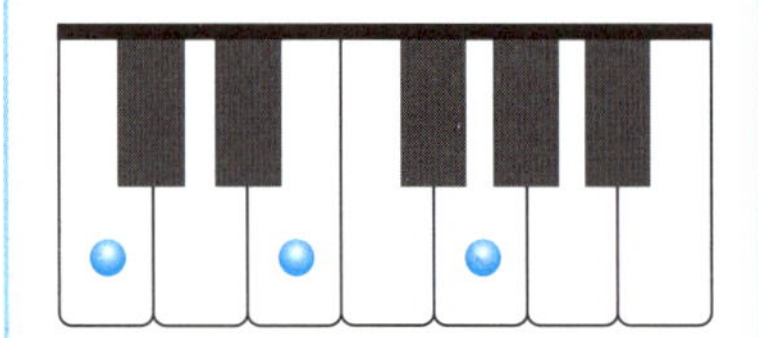

① 으뜸화음

② 딸림화음

③ 버금딸림화음

5. 맞는 것끼리 줄로 이으세요.

I ·　　　　　　　　· 딸림화음

IV ·　　　　　　　　· 으뜸화음

V ·　　　　　　　　· 버금딸림화음

6. $\frac{6}{8}$ 박자의 리듬은 어느 것입니까? · · · · · · · · · · · · · · · · · · · ( )

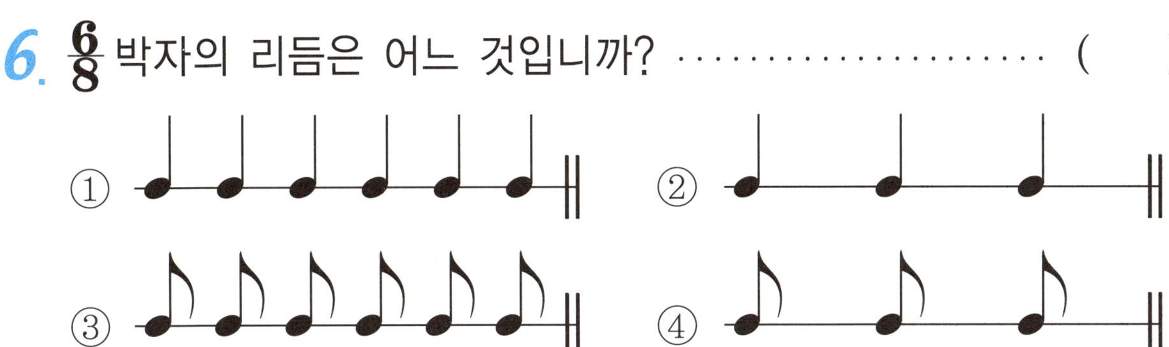

7. $\frac{6}{8}$ 박자의 셈여림은 어느 것입니까? · · · · · · · · · · · · · · · · · · ( )

① ◎ ○ ○   ② ◎ ○ ○ ○ ○ ○

③ ◎ ○ ○ ○   ④ ◎ ○ ○ ◎ ○ ○

8. 임시표에 대한 <u>틀린</u> 설명은 어느 것입니까? · · · · · · · · · · ( )

① 한 마디 안에서만 음 높이에 임시로 변화를 준다.

② ♯ – 반음 올린다.   ③ ♮ – 반음 내린다.

9. 다음 중 임시표는 어느 것입니까? · · · · · · · · · · · · · · · · · · · ( )

① ♩   ② 𝄾   ③ 𝄢   ④ ♭

10. 다음 표에 대한 맞는 설명은 어느 것입니까? · · · · · · · · · · ( )

♯	① 온음 올린다.	② '샤프' 라고 읽는다.
	③ 내림표	④ 반음 내린다.

♣ $\frac{6}{8}$ ← 8분음표

♣ ♯ - 올림표
♭ - 내림표
♮ - 제자리표

35

음악이론 평가문제

1. 주요 3화음은 으뜸화음, ☐ ☐ 화음, 버금딸림화음입니다.

♪가 6개 만큼

2. 다음 중 $\frac{6}{8}$ 박자는 어느 것입니까? ······················ (　　)

3. ◎ ○○ ○ ○○ 은 몇 박자의 셈여림입니까? ········· (　　)

① $\frac{2}{4}$　　　② $\frac{3}{4}$　　　③ $\frac{6}{8}$　　　④ $\frac{4}{4}$

4. 임시표가 <u>아닌</u> 것은 어느 것입니까? ················· (　　)

① ♯　　　② ＞　　　③ ♮　　　④ ♭

5. 다음 표에 대한 설명은 어느 것입니까? ··············· (　　)

① 반음 내린다.　　② 제자리표
③ '샤프' 라고 읽는다.
④ 곡이 끝날 때까지 효력이 있다.

6. 반음 올려서 연주하는 음은 어느 것입니까? ·········· (   )

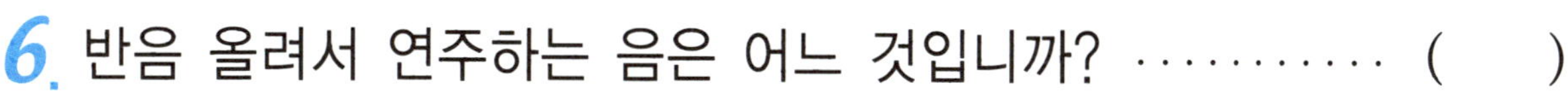
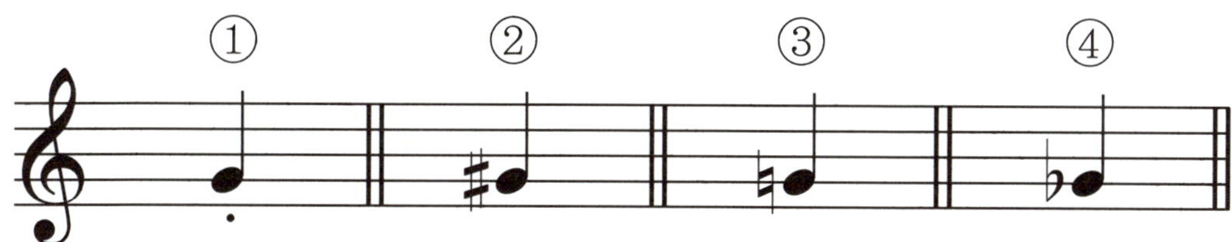

♣ 샤프

7. 반음 내릴 때 사용하는 임시표는 어느 것입니까? ······ (   )

① ♯   ② ♭   ③ ♮   ④ ↓

♣ 플랫

8. 2마디를 무엇이라고 합니까? ························· (   )

① 마디   ② 동기
③ 작은악절   ④ 큰악절

9. 작은악절은 어느 것입니까? ························· (   )

♣ 동기＋동기＝작은악절

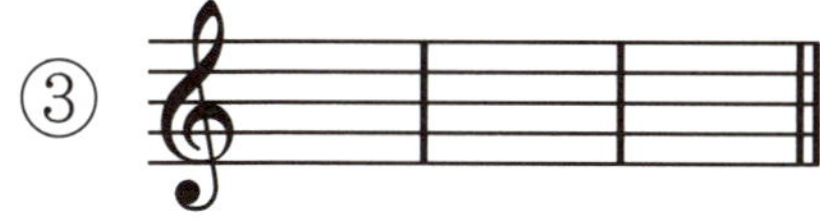
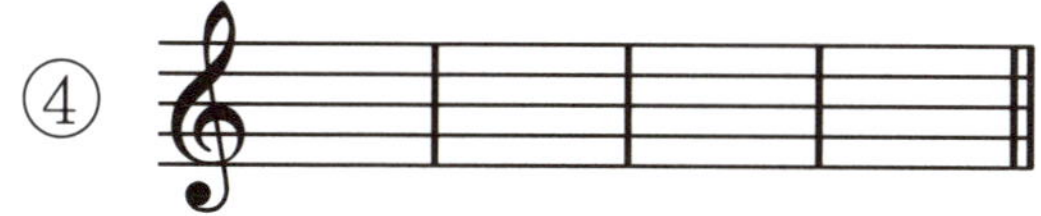

10. ■ 안에 맞는 숫자는 무엇입니까? ················· (   )

♣ 작은악절＋작은악절

큰악절은 작은악절 2개로 이루어진
■ 마디의 구조입니다.

① 4   ② 6
③ 8   ④ 16

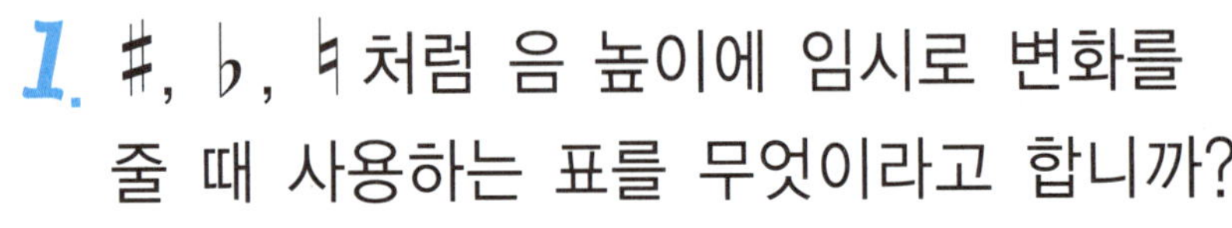

1. ♯, ♭, ♮ 처럼 음 높이에 임시로 변화를 줄 때 사용하는 표를 무엇이라고 합니까?

 표

2. 잘못 짝지어진 것은 어느 것입니까? ······················ (   )

① ♯ – 올림표   ② ♮ – 플랫

③ ♭ – 내림표   ④ ♯ – 샤프

3. 반음 내려서 연주하는 음은 어느 것입니까? ·········· (   )

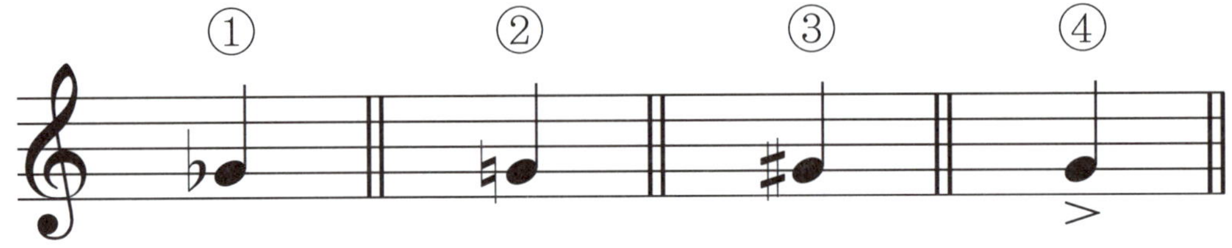

4. 다음 중 '동기'는 어느 것입니까? ······················ (   )

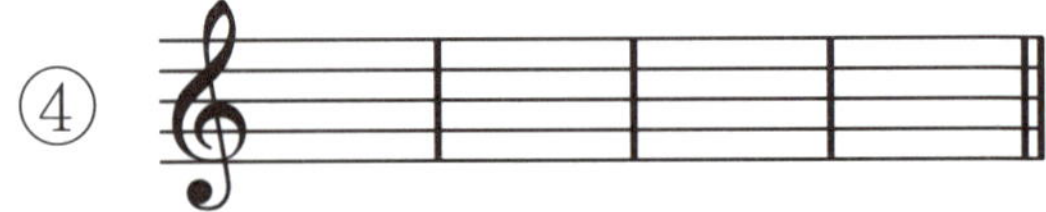

5. 4마디를 무엇이라고 합니까? ························· (   )

① 마디   ② 동기   ③ 작은악절   ④ 큰악절

6. 한도막 형식은 큰악절 몇 개입니까? ················· (   )

　　① 1개　　　　② 2개　　　　③ 3개　　　　④ 4개

♣ 한도막 형식 = 8마디

7. <u>잘못</u> 짝지어진 것은 어느 것입니까? ·············· (   )

　　① 한도막 형식 − 8마디　　② 두도막 형식 − 12마디
　　③ 세도막 형식 − 24마디　　④ 큰악절 − 8마디

♣ 두도막 = 한도막×2
　세도막 = 한도막×3

8. 　　　 안에 맞는 말을 쓰세요.

　　　작은악절 + 작은악절 =

♣ ■악절

9. 못갖춘마디의 리듬은 어느 것입니까? ················· (   )

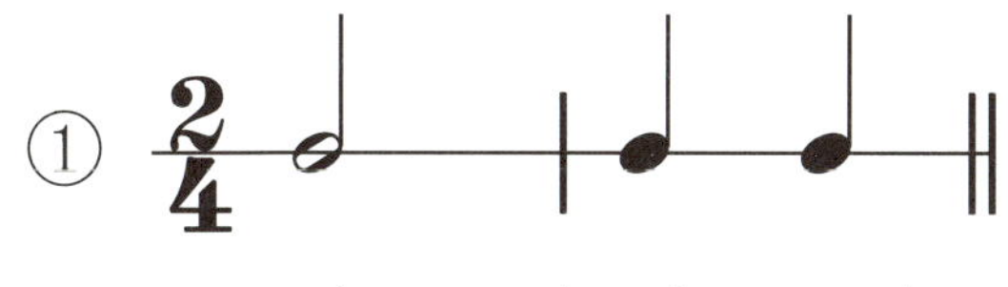 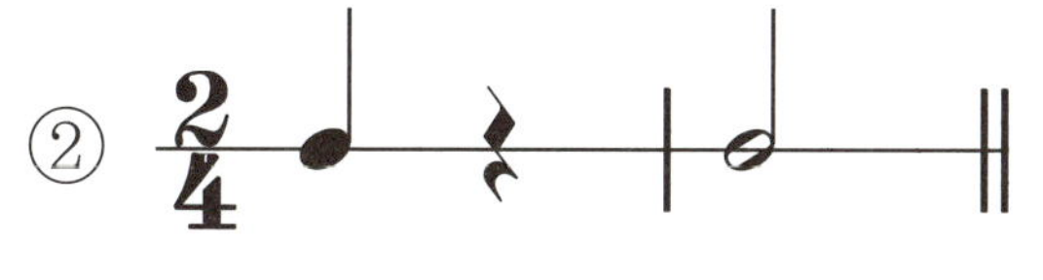

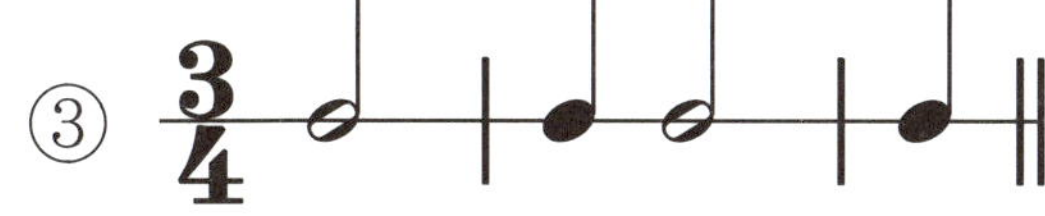 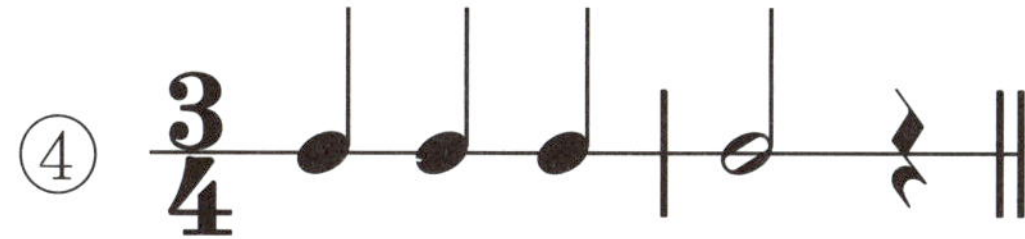

♣ 박자표의 박 수만큼 갖추지 못함

10. 못갖춘마디일 때 　 안에 맞지 <u>않는</u> 것은 무엇입니까? (   )

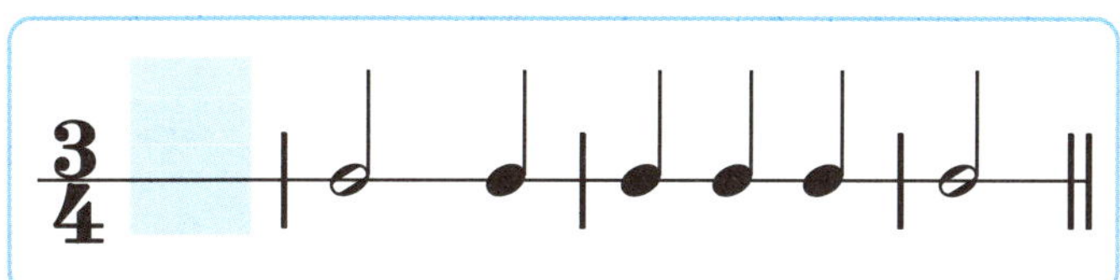  

♣ 첫마디 + 끝마디 = 한 마디

1. 임시표가 붙은 음표는 어느 것입니까? · · · · · · · · · · · · · · · (   )

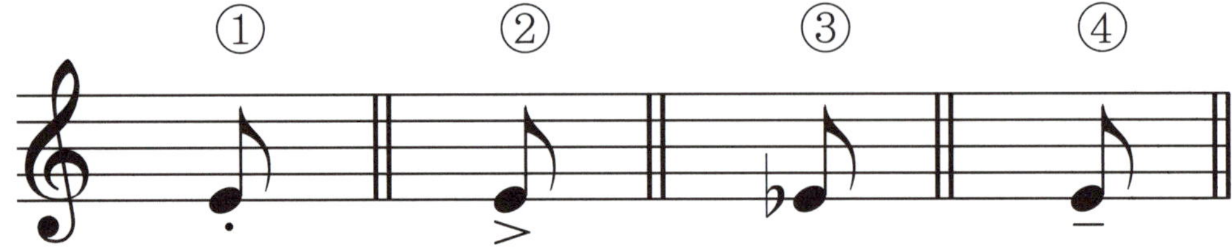

2. ♮ 에 대한 틀린 설명은 어느 것입니까? · · · · · · · · · · · · · · · (   )

① 변화된 음을 원래 자리로 되돌린다.
② '플랫' 이라고 읽는다.   ③ '제자리표' 다.

♣ 마디 + 마디

3. □ 안에 맞는 말을 쓰세요.

♣ 한도막 형식 :
큰악절 1개

4. 두도막 형식은 몇 마디입니까? · · · · · · · · · · · · · · · · · · · (   )

① 8마디   ② 12마디   ③ 16마디   ④ 24마디

5. 다음 악보에 대한 설명으로 틀린 것은 어느 것입니까?   (   )

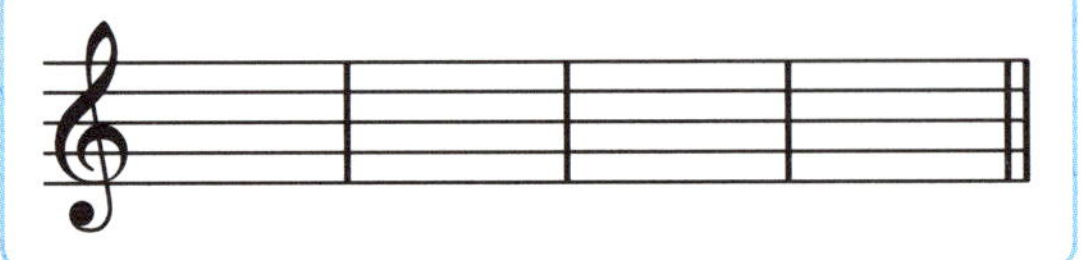

① 4마디   ② 동기 2개
③ 큰악절   ④ 작은악절

6. 갖춘마디의 리듬은 어느 것입니까? ···················· (　　)

①  ② 

③ 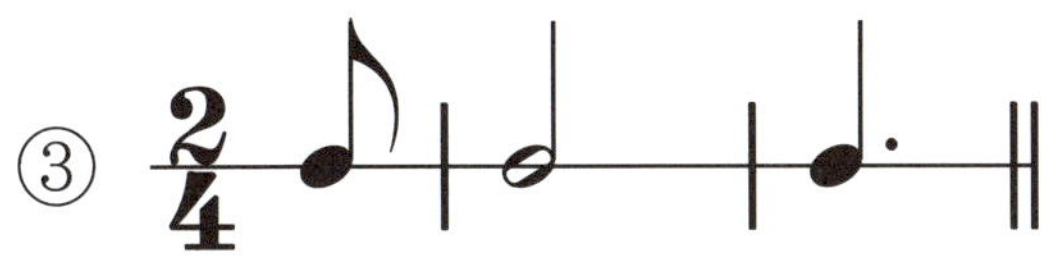 ④ 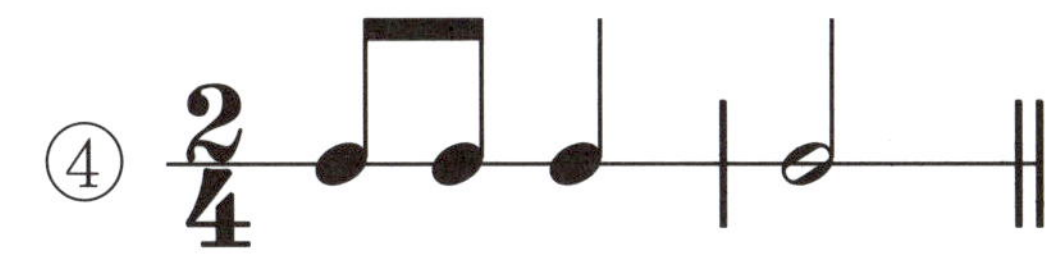

7. 못갖춘마디에서 첫마디의 부족한 박의 수는 어느 것과 합쳐져야 한 마디가 됩니까? ······························· (　　)

① 둘째마디　　　② 셋째마디　　　③ 끝마디

8. 못갖춘마디의 셈여림이 바른 것은 어느 것입니까? ····· (　　)

① 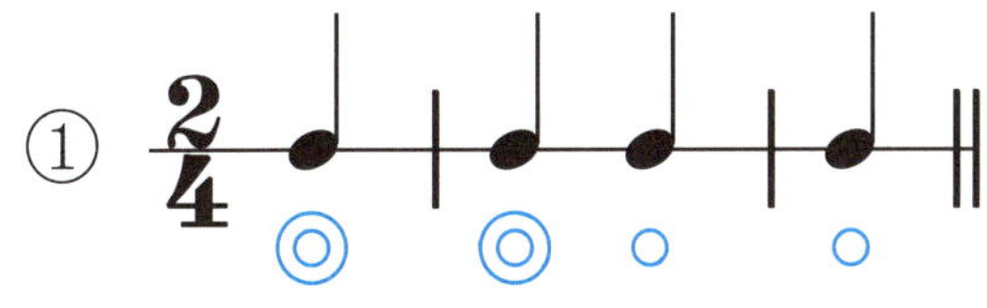 ② 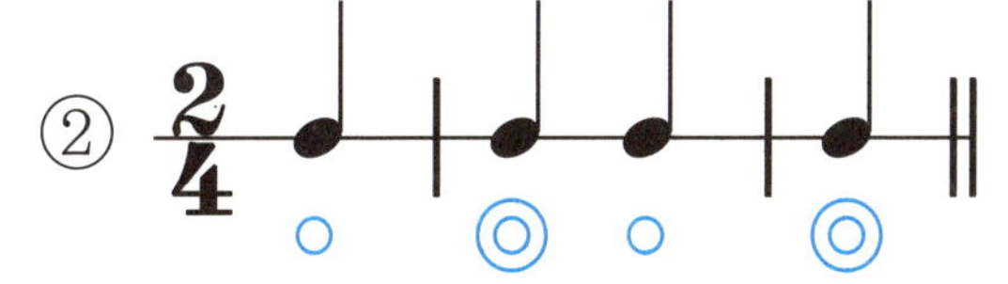

③ 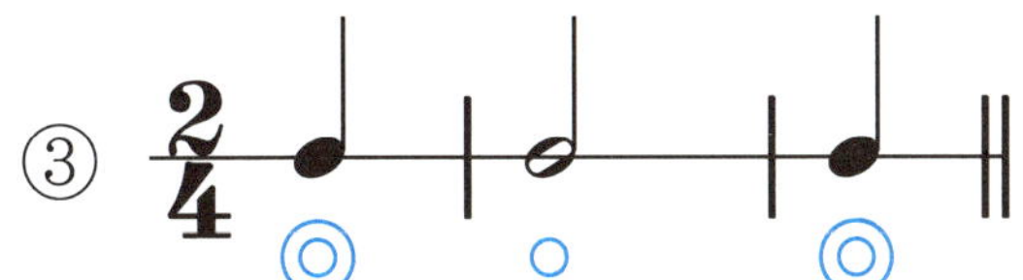 ④ 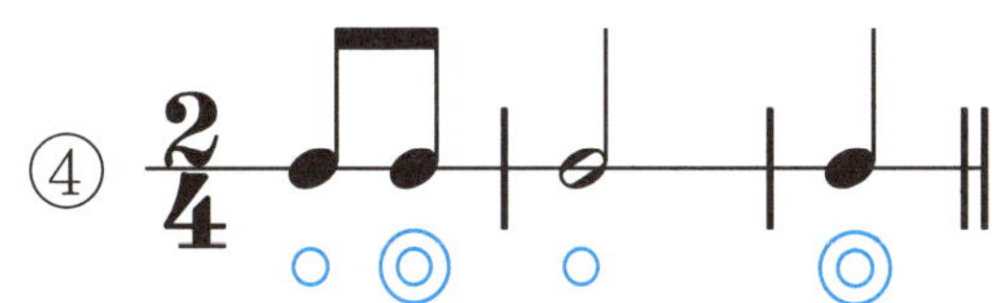

9. 실로폰의 채를 잡는 모양이 바른 것은 어느 것입니까? · (　　)

① 　　　② 　　　③ 　　　④

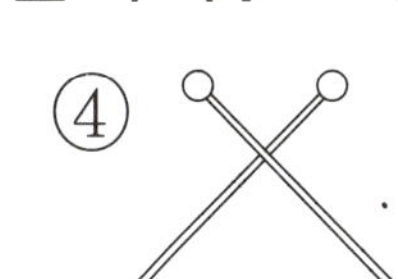

10. 실로폰의 음판은 어느 부분을 쳐야 좋은 소리가 납니까? (　　)

① 위　　　　　② 가운데　　　　　③ 아래

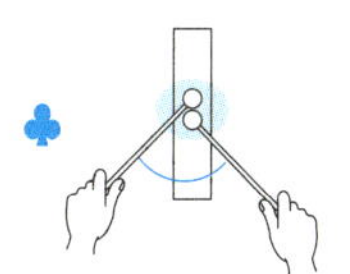

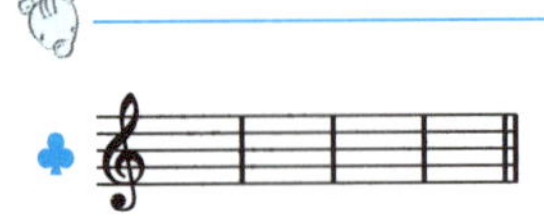

1. 작은악절은  마디입니다.

2. 세로줄을 그어서 '동기' 2개를 만드세요.

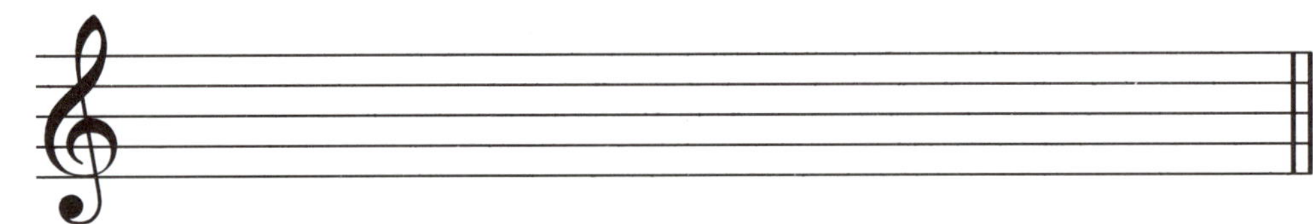

3. 갖춘마디일 때 ■ 안에 맞는 것은 어느 것입니까? ····· (   )

① ④ ② ﹖ ③ ♪ ④ ♩

4. 못갖춘마디에 대한 <u>틀린</u> 설명은 어느 것입니까? ······· (   )

① 여린내기로 시작한다.
② 첫마디가 박자표의 박 수만큼 갖추지 못했다.
③ 첫째 마디와 둘째 마디를 합쳐서 한 마디를 이룬다.

5. 실로폰의 바른 연주 방법은 어느 것입니까? ·········· (   )

① 음판의 아래 부분을 친다.
② 음판을 가볍게 튕기듯이 친다.
③ 음판을 세게 내려친다.

6. 실로폰 채를 잡는 부분은 어디입니까? ················ (　　)

① 채 머리의 바로 아래 ② 가운데
③ 채 머리부터 $\frac{2}{3}$ 되는 부분 ④ 끝부분

7. 실로폰 채를 잡을 때 가장 좋은 각도는 어느 것입니까? (　　)

① ② ③ ④

8. 다음 악기의 이름은 무엇입니까? ········· (　　)

① 피리 ② 리코더
③ 실로폰 ④ 단소

9. 리코더의 연주 방법이 <u>잘못</u>된 것은 어느 것입니까? ····· (　　)

① 손가락은 1cm 정도만 든다.
② 높은 소리는 조금 세게 분다.
③ 입술을 틈이 없게 힘주어 문다.

10. 다음 음에 맞는 리코더 운지는
어느 것입니까? ······ (　　)

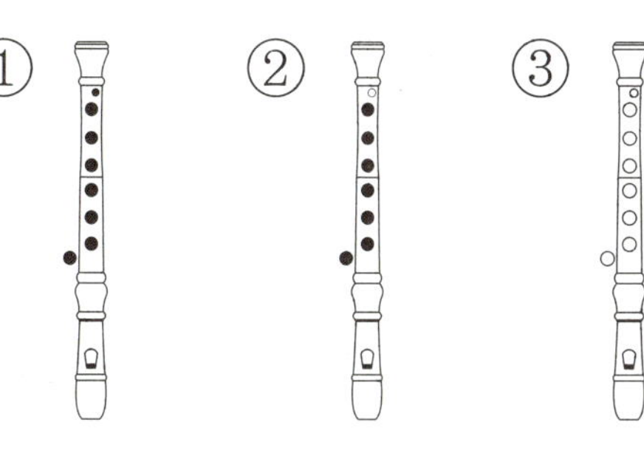

① ② ③

음악이론 평가문제

1. 악곡 구성의 가장 작은 단위는 어느 것입니까? ········· (　　)

① 동기　　　　② 한도막　　　③ 큰악절　　　④ 작은악절

2. 못갖춘마디의 곡을 무엇이라고도 합니까? ············ (　　)

① 센내기　　　　　　　　　② 여린내기

3. 실로폰 채를 잡는 부분은 어디입니까? ··············· (　　)

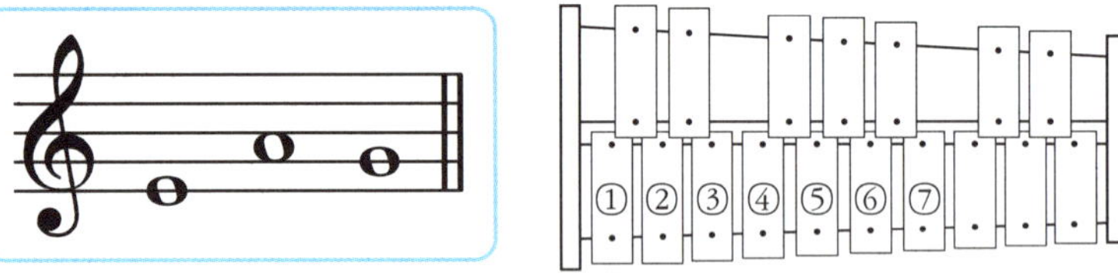

① ━━━━━　　　　② ━━━━━━
③ ━━━━━　　　　④ ━━━━━━

4. 다음 악보를 연주할 때 맞는 음판의 번호를 쓰세요.

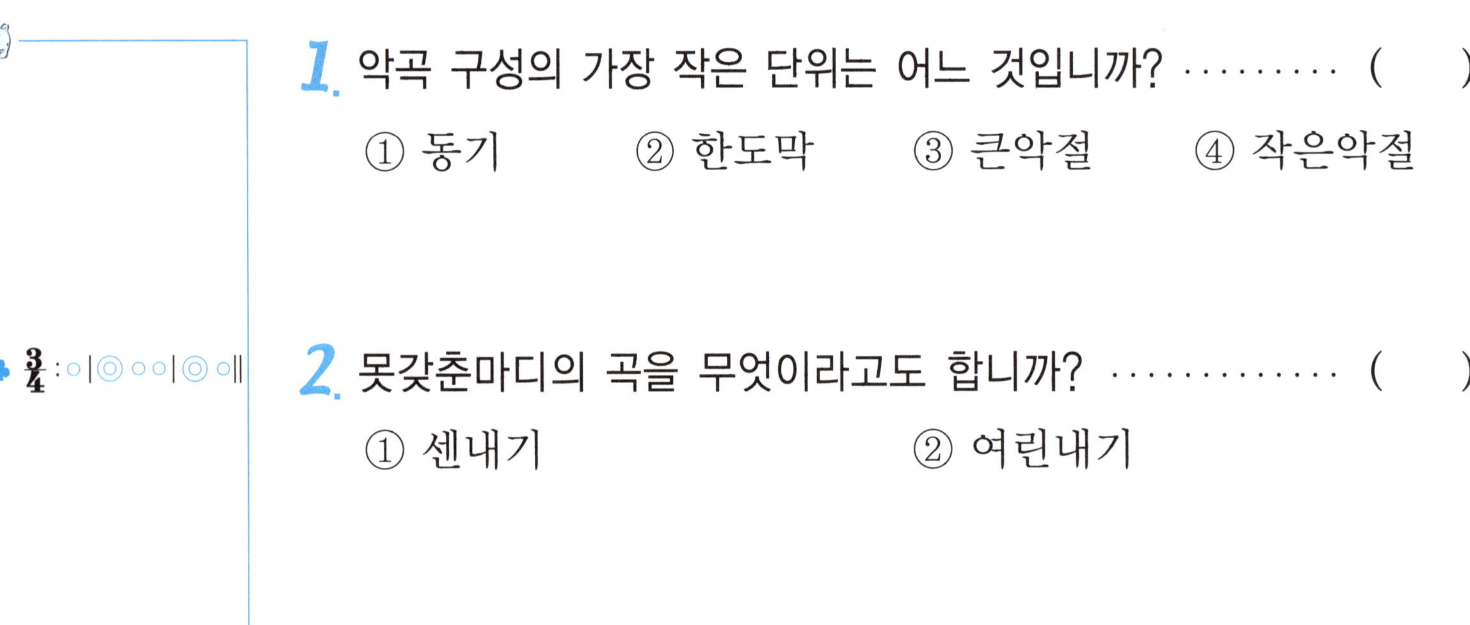

5. 실로폰의 연주 방법이 <u>틀린</u> 것은 어느 것입니까? ······ (　　)

① 두 채의 각도는 90° 정도로 한다.
② 가볍게 튕기듯이 친다.
③ 음판 가운데 부분을 친다.
④ 채를 놓치지 않도록 꼭 쥔다.

6. 다음 리코더의 운지는 어느 음입니까? ‥‥‥ (　　)

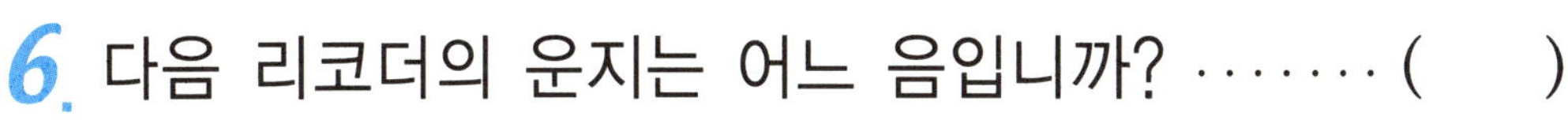

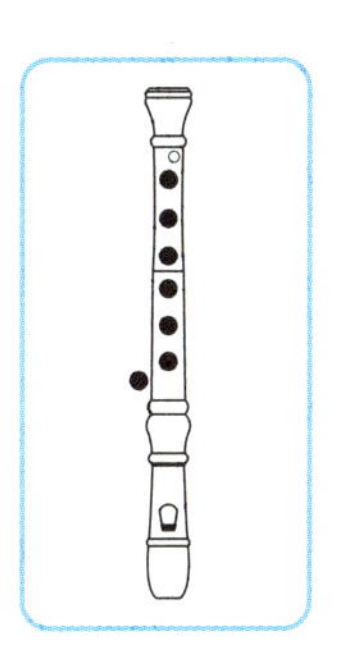

7. ■ 안에 맞는 말은 어느 것입니까? ‥‥‥‥‥‥‥‥ (　　)

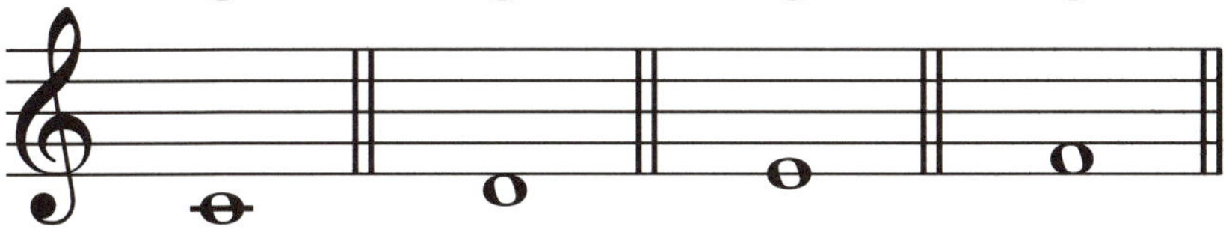

높은 소리는 조금 　　　，
낮은 소리는 조금 　　　 붑니다.

① 세게, 여리게

② 여리게, 세게

8. 다음 악보에 맞는 리코더 운지를 칠하세요.

 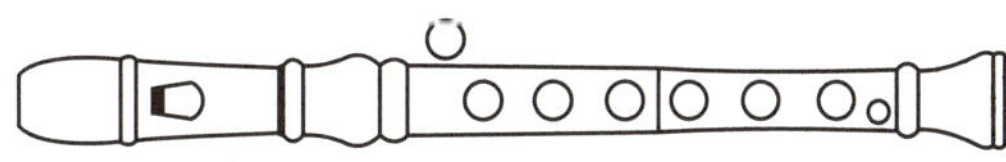

9. 예부터 전해 내려오는 우리 나라 동요는 무엇입니까? ‥ (　　)

① 국악　　② 창작 동요　　③ 전래 동요　　④ 민요

10. 전래 동요에 사용된 음계는 무엇입니까? ‥‥‥‥‥‥ (　　)

① 장조음계　　② 반음음계　　③ 온음음계　　④ 5음음계

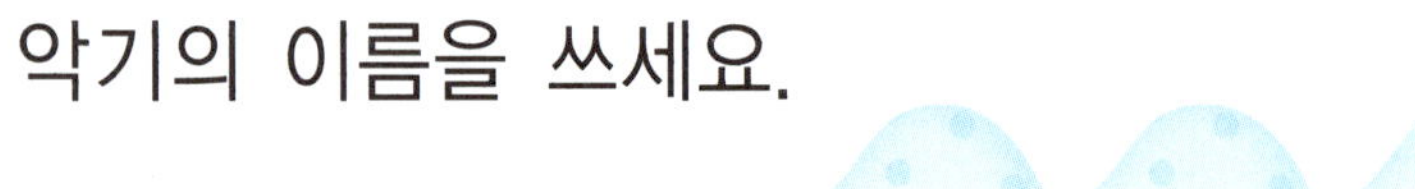

1. 악기의 이름을 쓰세요.

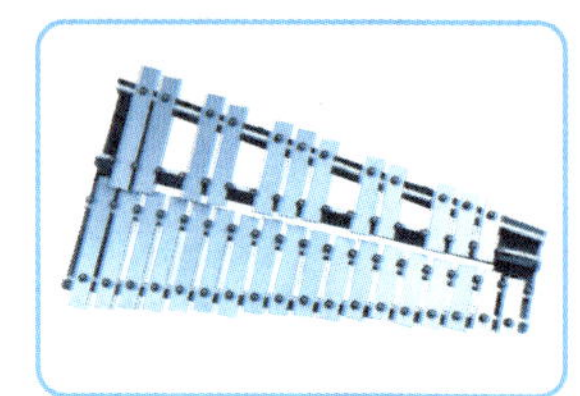

2. 위 **1**번의 악기에 대한 맞는 설명은 어느 것입니까? ··· (   )

① 리듬악기다.　　　　② 손가락으로 눌러서 소리낸다.
③ 음판의 가운데 부분을 친다.

3. 실로폰 채를 바르게 잡은 것은 어느 것입니까? ········ (   )

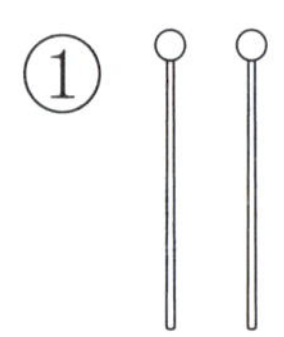
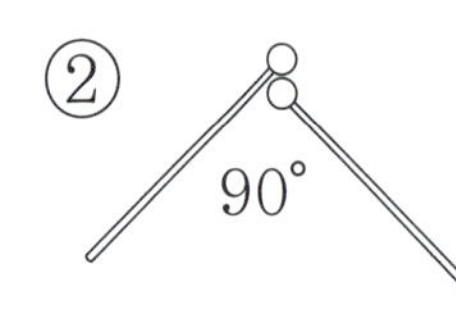
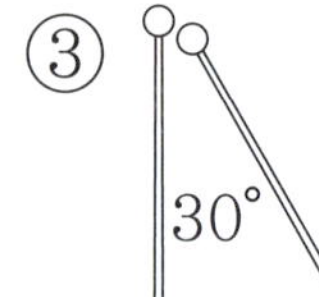
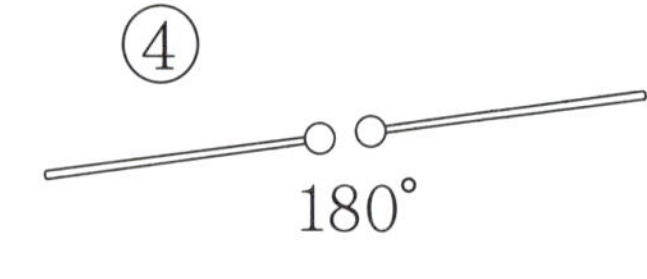

4. 악기의 이름을 쓰세요.

5. 다음 악보에 맞는 운지는 어느 것입니까? (   )

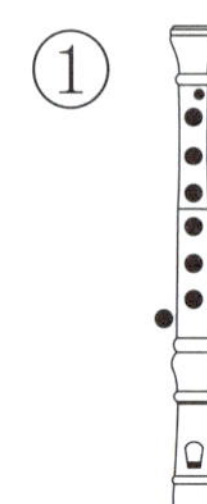
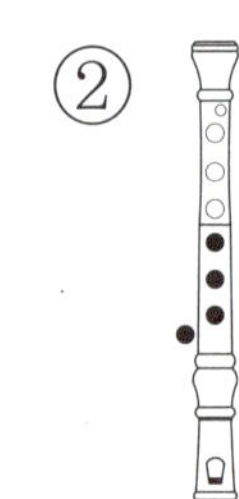
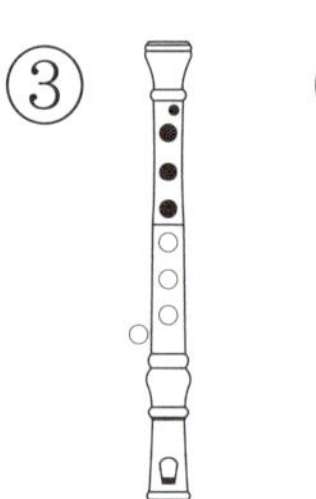
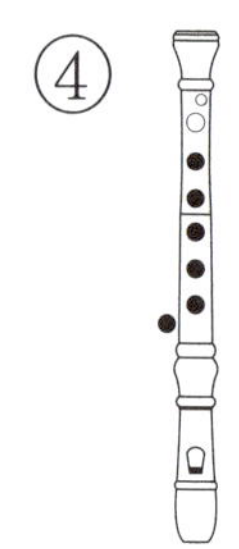

6. 전래 동요에 대한 <u>틀린</u> 설명은 어느 것입니까? ……… (   )

① 예부터 전해 내려오는 우리 나라의 동요다.
② 작사가와 작곡가가 알려져 있지 않다.
③ 다장조의 음계로 이루어져 있다.

♣ 5음음계

7. 우리 나라 5음음계의 계이름은 무엇입니까? ………… (   )

① 도 · 레 · 미 · 파 · 솔   ② 레 · 미 · 파 · 솔 · 라
③ 솔 · 시 · 도 · 레 · 미   ④ 솔 · 라 · 도 · 레 · 미

8. 세종대왕이 만든 우물 정(井)자 모양의 악보는 무엇입니까? (   )

① 정간보   ② 높은음자리보표   ③ 오선보

9. 한 정간의 길이는 어느 음표와 같습니까? ………… (   )

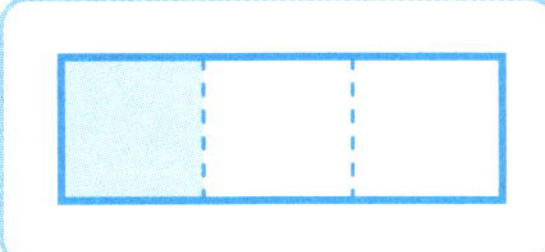 ①    ② ♪   ③    ④ 

♣ 한 정간이 한 박

$\frac{6}{8}$ ← 8분음표기 한 박

10.  를 맞게 그린 것은 무엇입니까? ……(   )

① 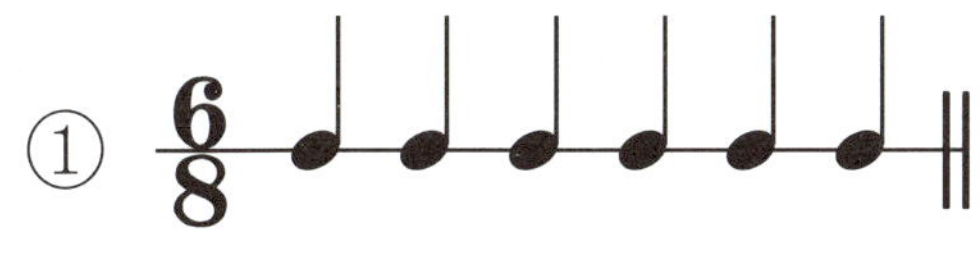   ② 

③    ④ 

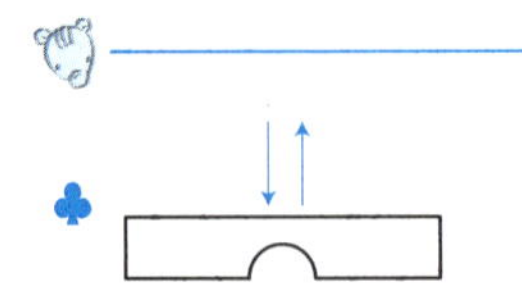

음악이론 평가문제

1. 실로폰을 연주할 때 음판의 어느 부분을 칩니까? …… (   )

① 위 부분   ② 가운데 부분   ③ 아래 부분

2. 리코더 운지에 맞는 악보는 어느 것입니까? ‥(   )

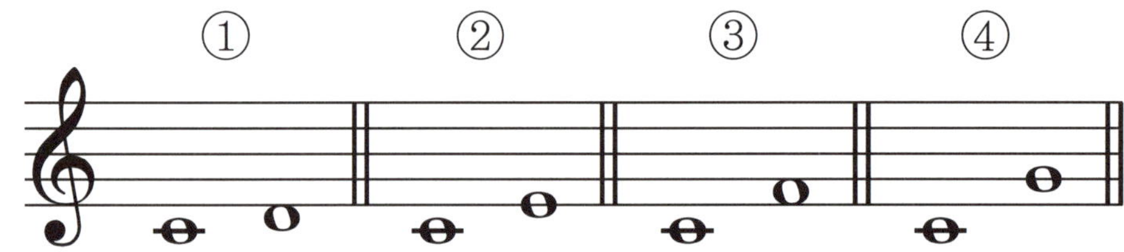

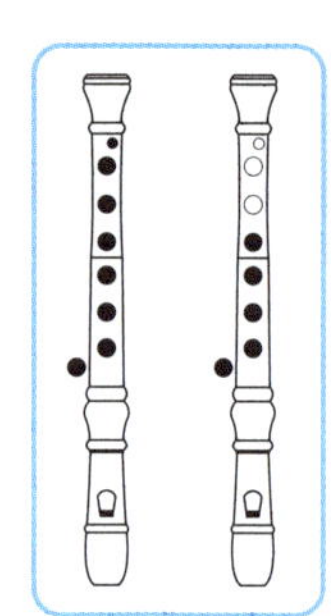

3. 예부터 전해 내려오는 우리 나라
동요는 무엇입니까?

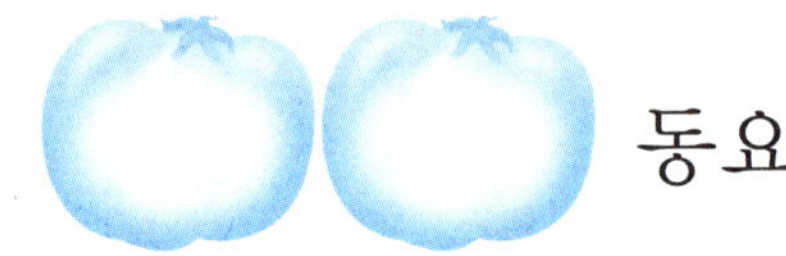 동요

4. 전래 동요에 나오지 <u>않는</u> 음은 무엇입니까? ………… (   )

① 도   ② 레   ③ 미   ④ 파

♣ 5음음계 :
솔·라·도·레·미

5. 다음 중 전래 동요의 악보가 <u>아닌</u> 것은 어느 것입니까? (   )

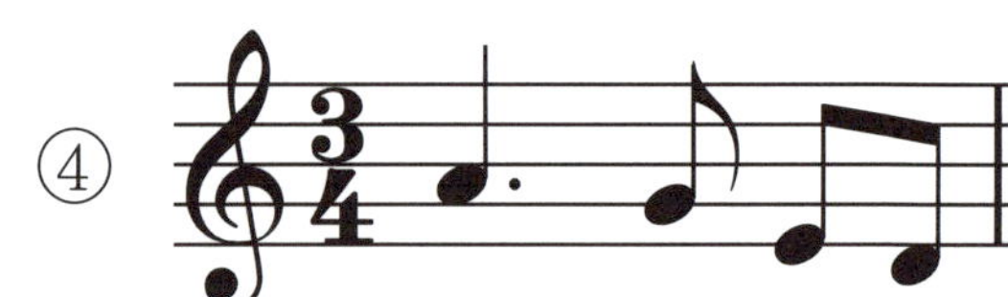

48

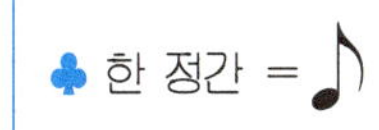

6. 맞게 짝지어진 것은 어느 것입니까? ·················· (   )

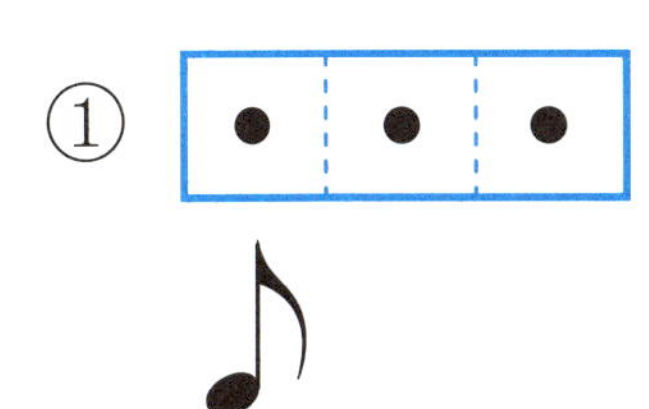 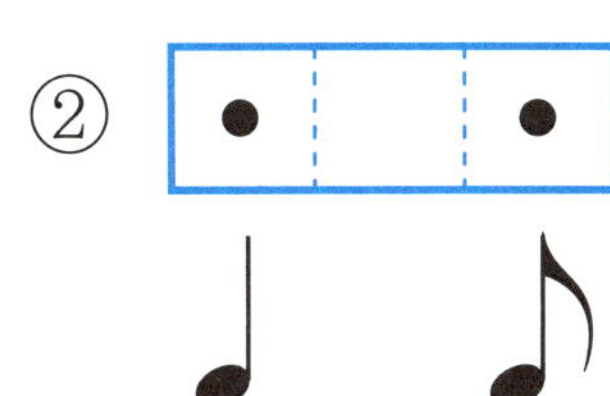 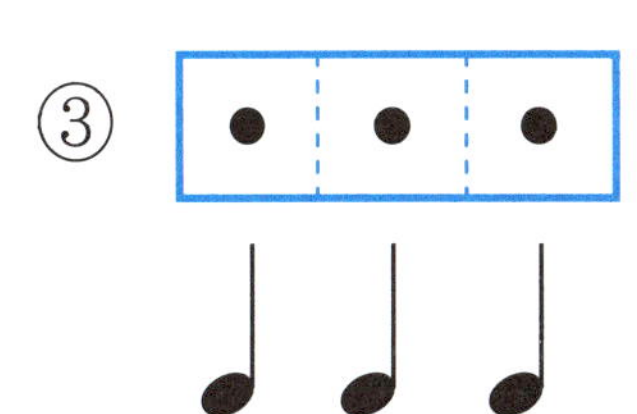

7. 세종대왕이 만든 우물 정(井)자 모양의 우리 나라 악보의 이름은 무엇입니까?

8. 다음 악기의 이름은 무엇입니까? (   )

① 가야금   ② 하프

③ 바이올린   ④ 아쟁

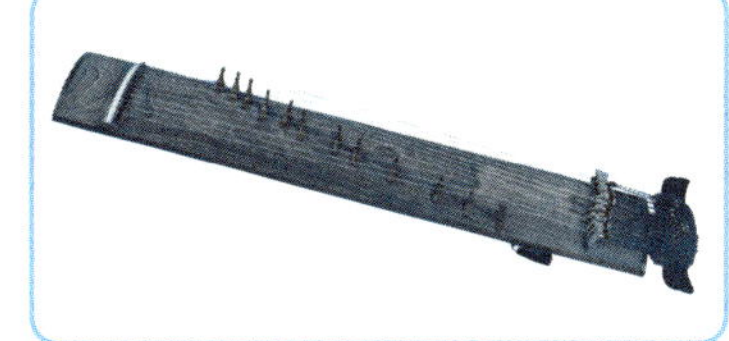

9. 다음 악기의 이름은 무엇입니까? (   )

① 리코더   ② 단소

③ 태평소   ④ 피리

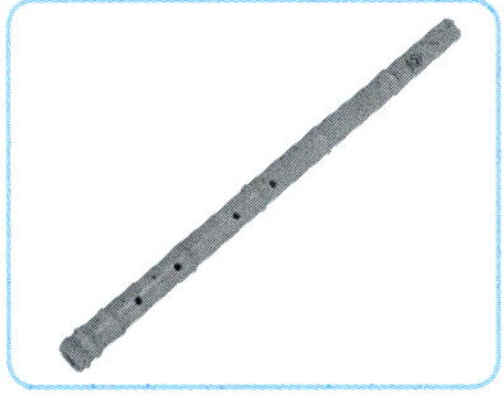

10. 우리 나라 악기가 <u>아닌</u> 것은 어느 것입니까? ·········· (   )

① 가야금   ② 장구   ③ 실로폰   ④ 단소

음악이론 평가문제

1. 다음 줄의 이름은 무엇입니까? ························· (　　)

① 붙임줄　　　　② 세로줄
③ 마디　　　　　④ 이음줄

2. 색칠한 건반에 맞는 음은 어느 것입니까? ·········· (　　)

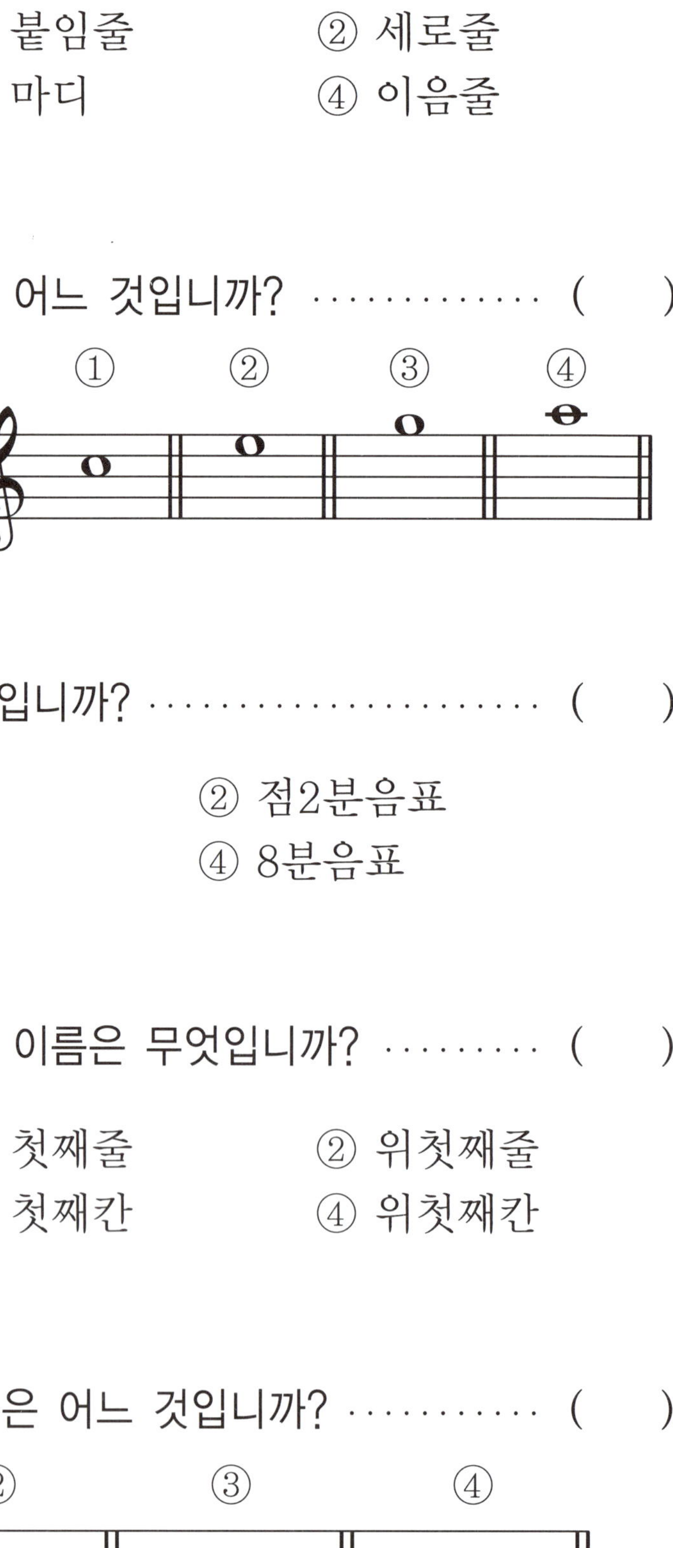

3. 다음 음표의 이름은 무엇입니까? ····················· (　　)

① 4분음표　　　　② 점2분음표
③ 점4분음표　　　④ 8분음표

4. 다음 음이 그려진 덧줄의 이름은 무엇입니까? ········ (　　)

① 첫째줄　　　　② 위첫째줄
③ 첫째칸　　　　④ 위첫째칸

5. '차례가기' 진행이 <u>아닌</u> 것은 어느 것입니까? ·········· (　　)

6. 다음 악보의 음이름은 무엇입니까? · · · · · · · · · · · · · · · · · · · ( )

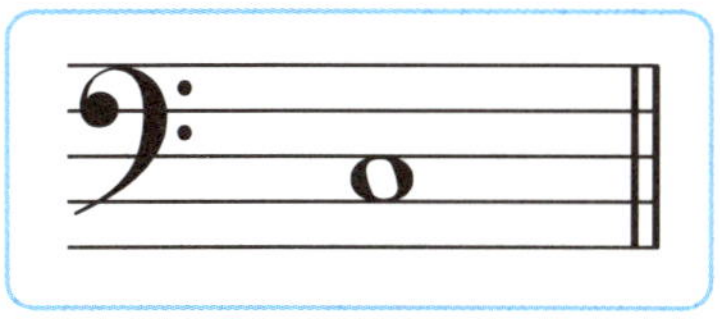

① 도　　　　　② 다
③ 라　　　　　④ 가

7. 표시한 연주 기호의 이름은 무엇입니까? · · · · · · · · · · · · · ( )

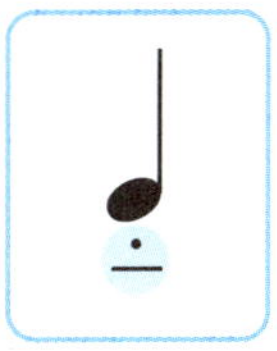

① 스타카토　　　　② 스타카티시모
③ 4분음표　　　　④ 메조 스타카토

8. 표시한 건반의 온음 위 계이름을 쓰세요.

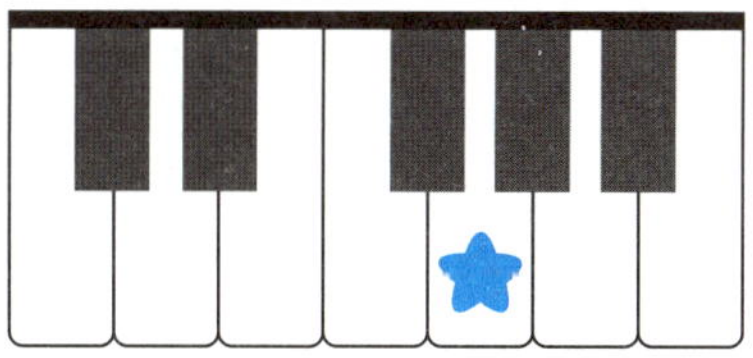

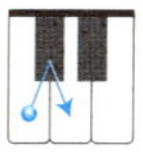

9. '도미솔'은 다장조의 어떤 화음입니까? · · · · · · · · · · · · · · · ( )

① 으뜸화음　　　② 딸림화음　　　③ 버금딸림화음

10. 다음 중 리코더는 어느 것입니까? · · · · · · · · · · · · · · · · · · · ( )

① 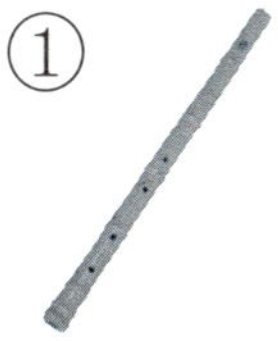　　　　② 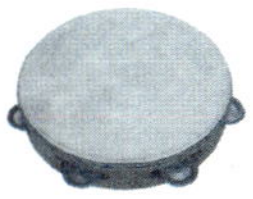　　　　③ 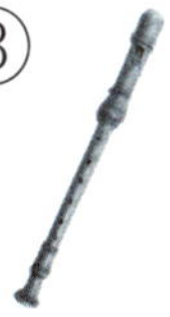　　　　④

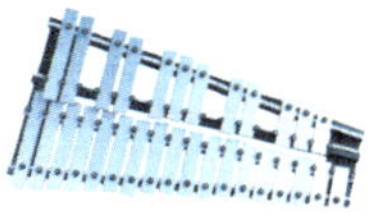

음악이론 평가문제

1. 다음 중 '뛰어가기' 진행은 어느 것입니까? ·········· (   )

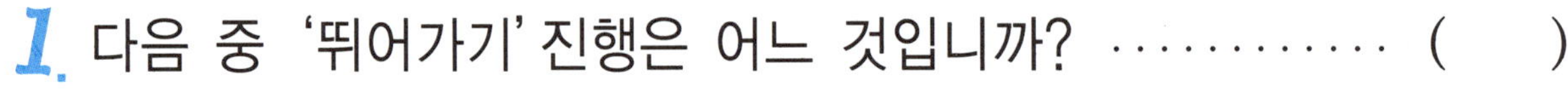

2. 계이름을 쓰세요.

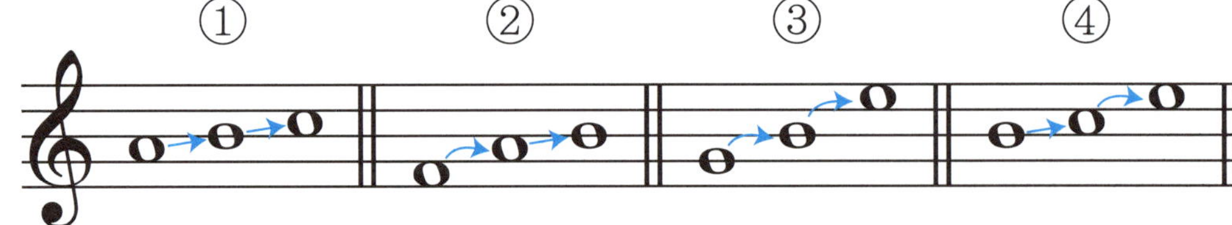

3. 표시한 점의 길이를 나타낸 것은 무엇입니까? ········ (   )

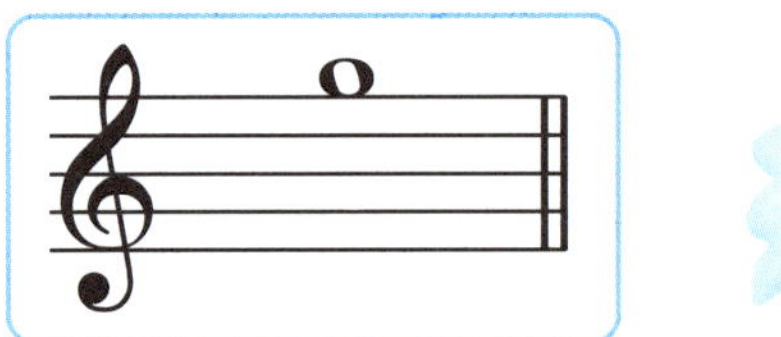

4. 주어진 음 위에 음표를 그려서 3화음을 만드세요.

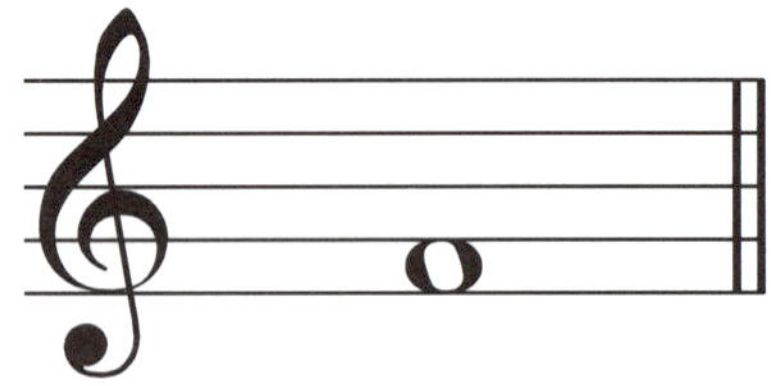

5. $\frac{6}{8}$ 박자의 리듬이 <u>아닌</u> 것은 어느 것입니까? ·········· (   )

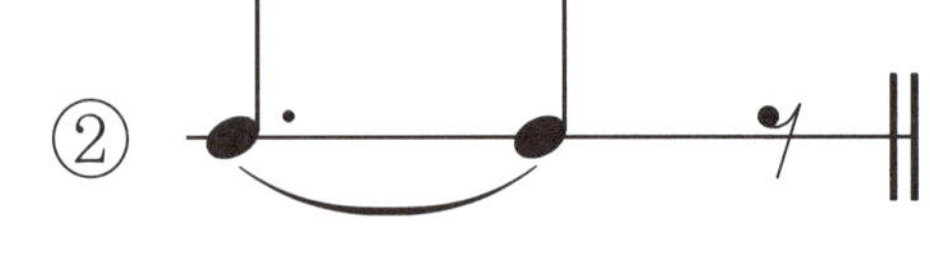

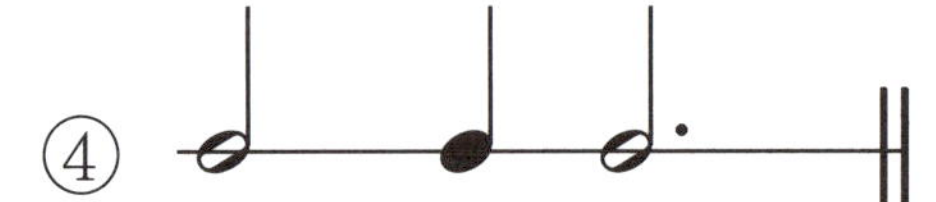

점수

6. 가장 짧게 연주하는 것은 어느 것입니까? ·············· (　　)

① 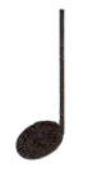　② 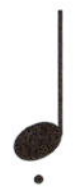　③ 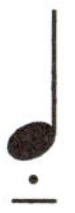　④ 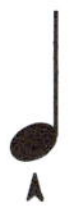

♣ 𝅘𝅥𝅯만큼 연주

7. ★은 어디에 있습니까? ································ (　　)

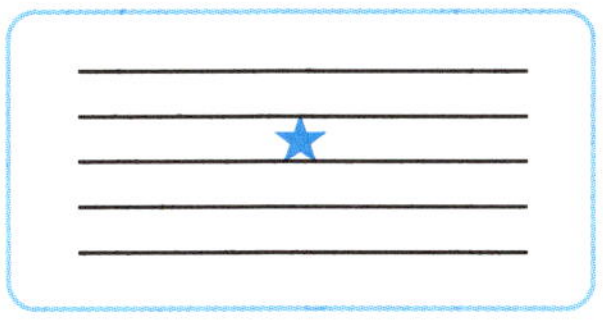

① 둘째칸　② 셋째칸
③ 둘째줄　④ 셋째줄

8. 8마디를 무엇이라고 합니까? ···························· (　　)

① 동기　② 작은악절　③ 큰악절　④ 두도막 형식

♣ 동기 - 2마디

9. 다음 리코더 운지의 계이름은 무엇입니까? ··· (　　)

① 도　② 미　③ 솔　④ 파

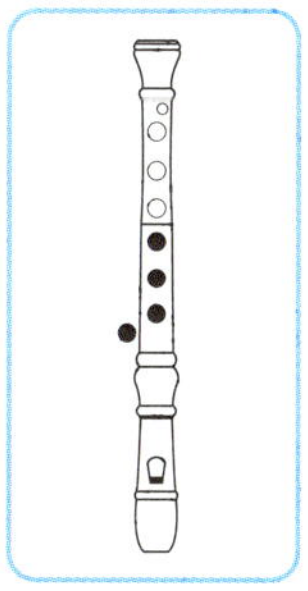

10. 맞는 것끼리 줄로 이으세요.

♯ •　　• 올림표
♮ •　　• 내림표
♭ •　　• 제자리표

1. 다음 중 '차례가기' 진행은 어느 것입니까? ·········· (   )

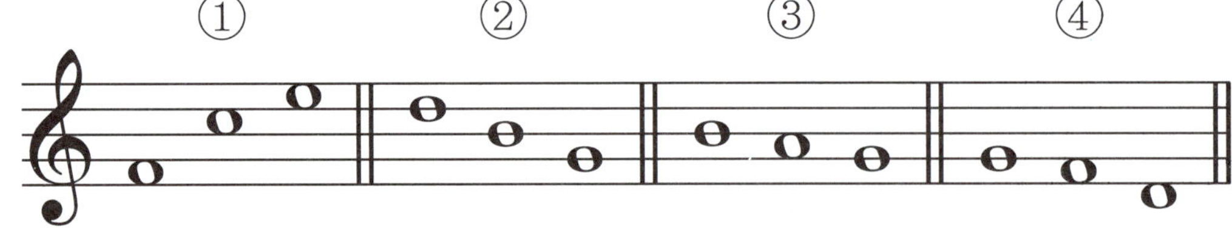

2. 음정을 쓰세요.

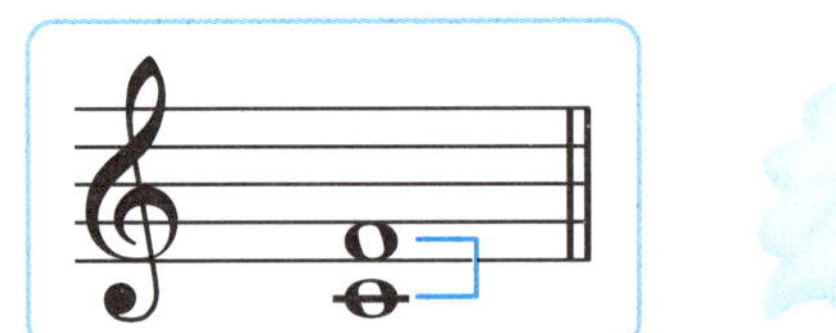 

♣ 우리 나라의 5음음계
(솔·라·도·레·미)

3. 전래 동요에 쓰이지 <u>않는</u> 음은 어느 것입니까? ········ (   )

① 솔　　　② 라　　　③ 시　　　④ 도

♣ ♩. = ♩ + ♪

4. 다음 음표와 길이가 같은 음표는 어느 것입니까? ······ (   )

 ① ♩　② ♩　③ ♩.　④ ♪

♣ 파

5. 건반에 표시된 음은 어느 것입니까? ·················· (   )

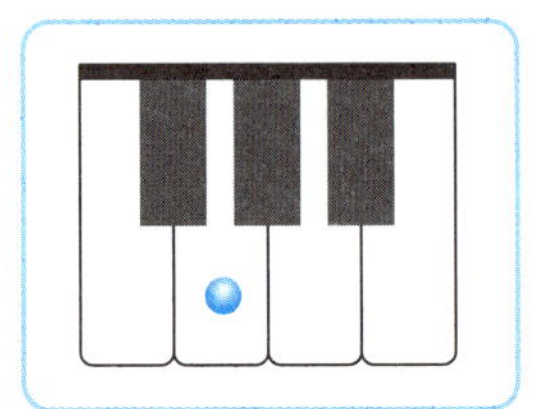 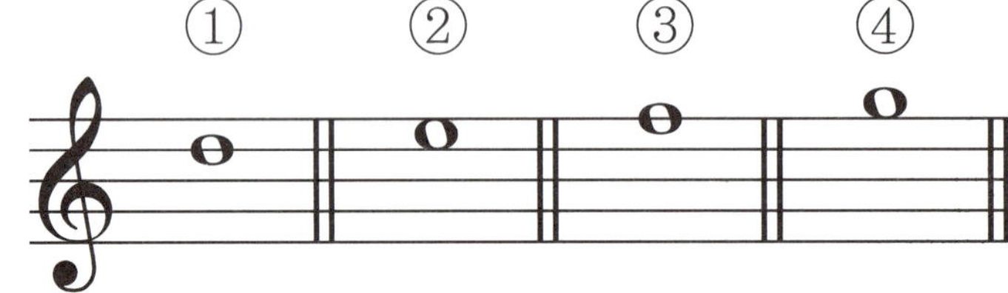

6. Ⅴ 는 어떤 화음 기호입니까? ·························· (   )

① 으뜸화음   ② 딸림화음   ③ 버금딸림화음

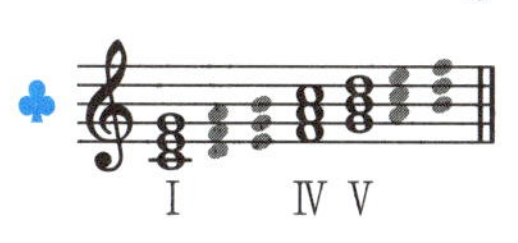

7. $\frac{6}{8}$ 박자의 셈여림은 어느 것입니까? ················· (   )

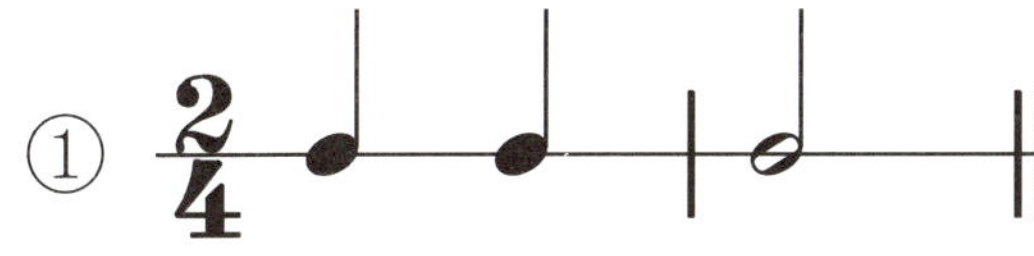
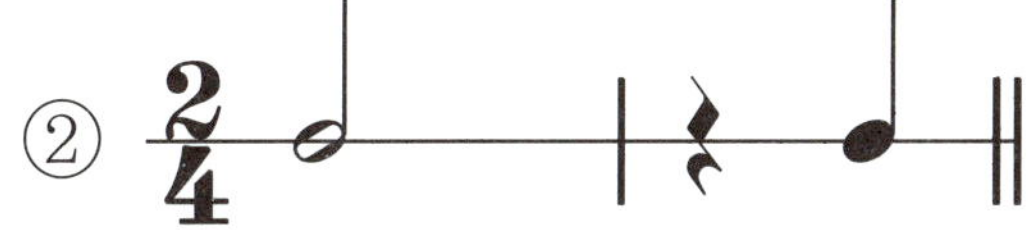

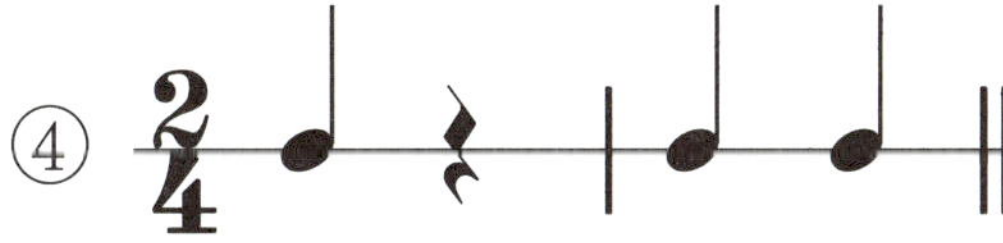

8. 못갖춘마디의 리듬은 어느 것입니까? ················· (   )

① ② ③ ④

9. 실로폰 채를 잡는 부분은 어디입니까? ················ (   )

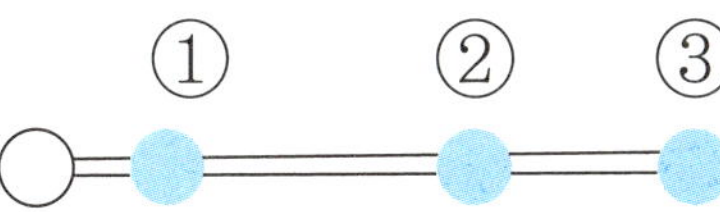

10. 우리 나라 5음음계에 <u>없는</u> 음은 어느 것입니까? ······ (   )

① 레   ② 파   ③ 솔   ④ 라

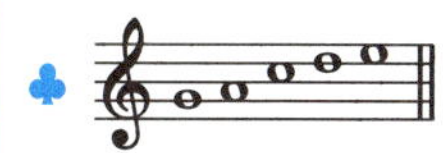

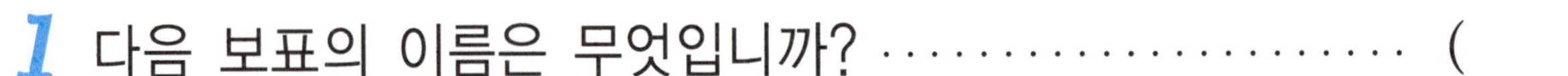

1. 다음 보표의 이름은 무엇입니까? ····················· (   )

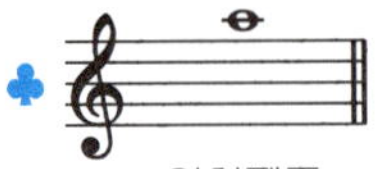

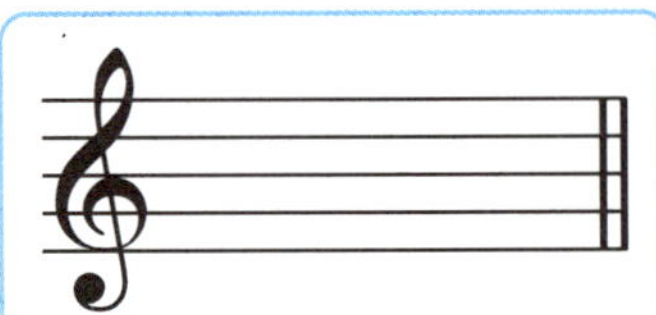

① 낮은음자리보표 ② 큰보표
③ 높은음자리보표 ④ 작은보표

2. 위둘째줄에 있는 음표는 어느 것입니까? ············· (   )

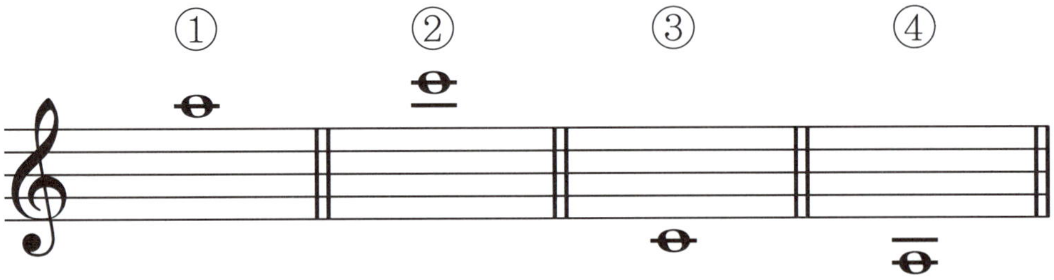

① 　　② 　　③ 　　④

3. 다음 악기의 이름은 무엇입니까? (   )

① 하프 　　② 가야금
③ 첼로 　　④ 아쟁

4. 다음 중 내림표는 어느 것입니까? ····················· (   )

① ♭　　② ♮　　③ ↓　　④ ♯

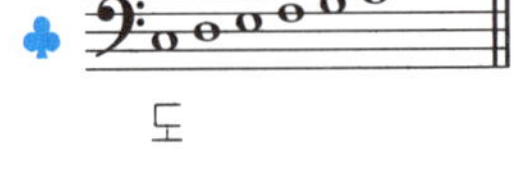

5. 계이름이 틀린 것은 어느 것입니까? ····················· (   )

① 솔　　② 미　　③ 도　　④ 미

6. '스타카티시모'는 어느 것입니까? ···················· (   )

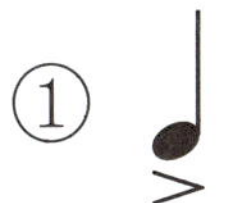　　　　　　　　　

7. 반음 관계인 것은 어느 것입니까? ···················· (   )

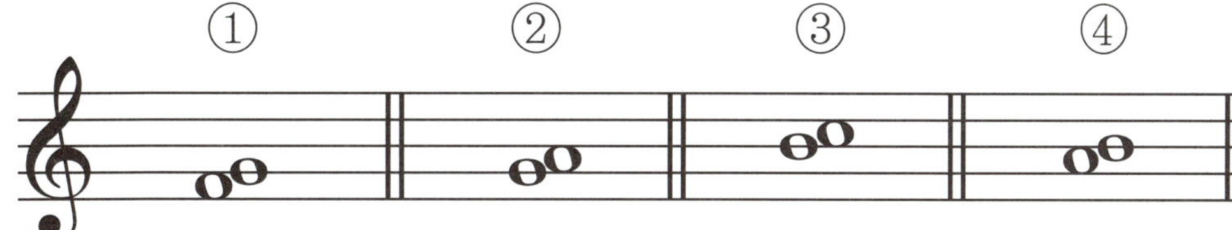

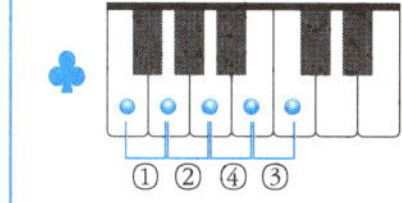

8. 두도막 형식은 작은악절이 몇 개 모인 것입니까? ······ (   )

① 2개　　　② 3개　　　③ 4개　　　④ 5개

9. 음표 그리는 순서가 맞는 것은 어느 것입니까? ········ (   )

10. 다음 리코더 운지에 맞는 계이름은 무엇입니까? ······················ (   )

① 도레미　　　② 도레파

③ 솔파미　　　④ 도미솔

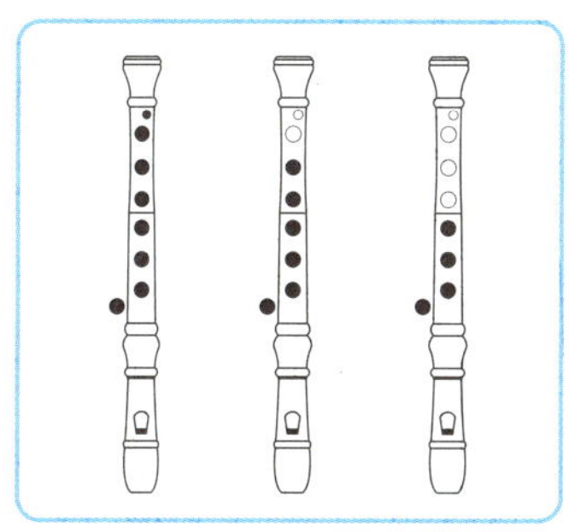

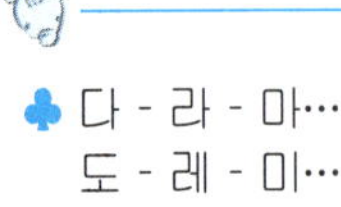

1. 음이름 '사'는 어느 것입니까? · (   )

2. 다음 중 3화음은 어느 것입니까? · (   )

3. 갖춘마디일 때 ▨ 안에 맞는 음표는 무엇입니까? · · · · · · (   )

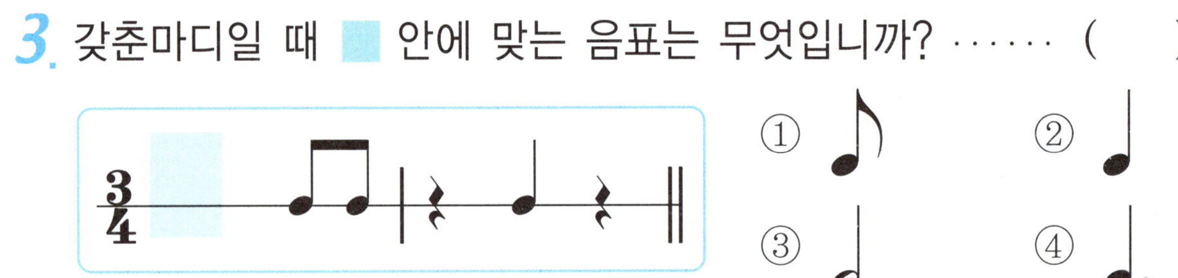

4. 전래 동요에 쓰이지 <u>않는</u> 음은 어느 것입니까? · · · · · · · (   )

① 미   ② 파   ③ 솔   ④ 라

5. 위로 뛰어가기를 할 때 ▨ 안에 맞는 음은 무엇입니까? (   )

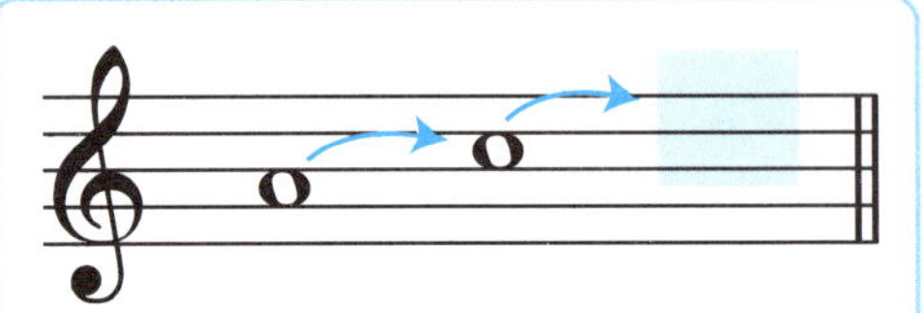

① 시   ② 도
③ 레   ④ 미

6. 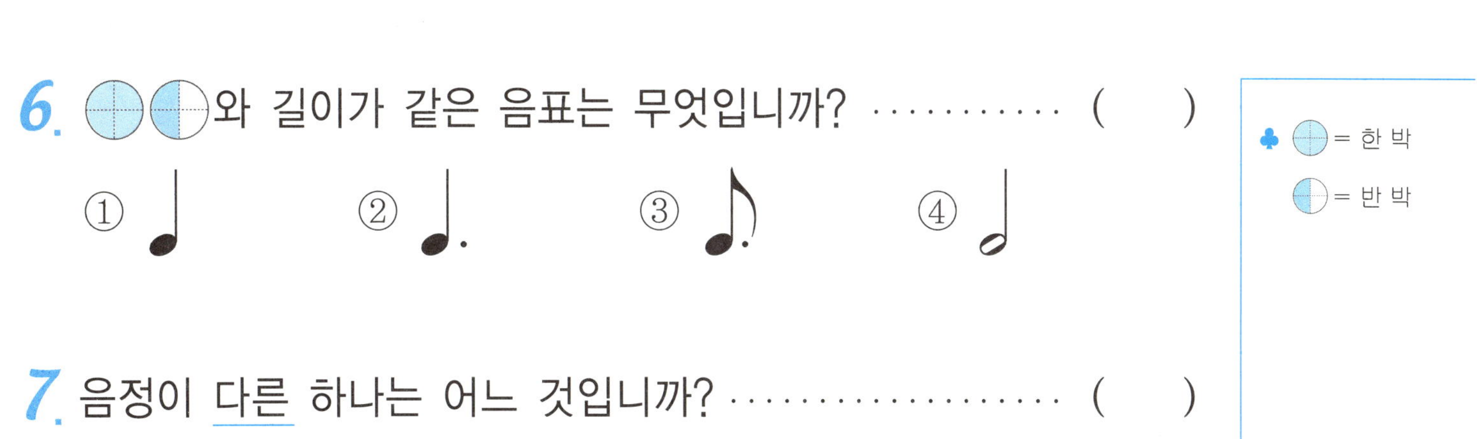와 길이가 같은 음표는 무엇입니까? ·········· (　　)

① 　②　③　④

7. 음정이 <u>다른</u> 하나는 어느 것입니까? ················ (　　)

8. 실로폰의 음판은 어느 부분을 쳐야 맑은 소리가 납니까? ······ (　　)

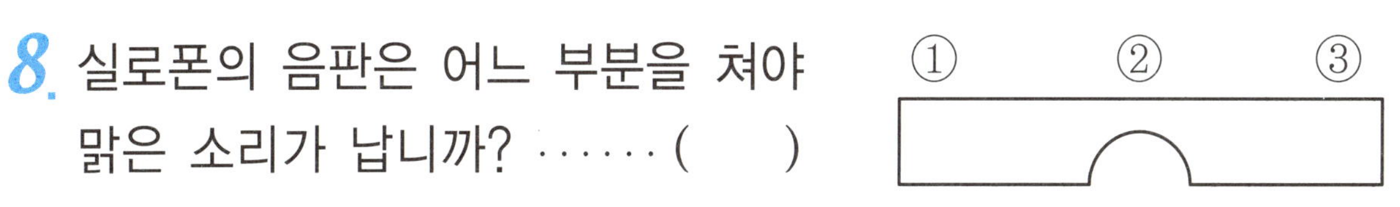

9. 연주 순서가 맞는 것은 어느 것입니까? ··············· (　　)

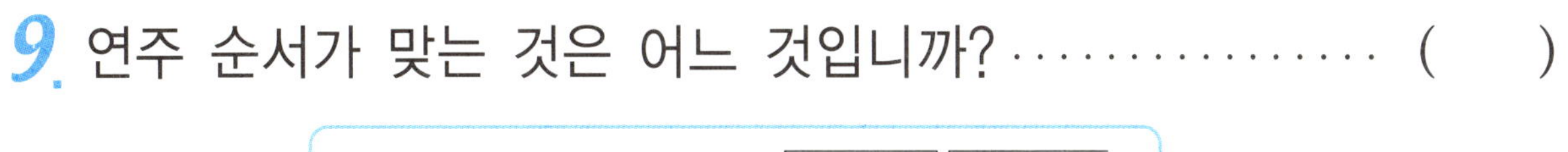

① ①－②－③－①－②－④　　② ①－②－③－①－②－③－④

10. 못갖춘마디일 때 ■ 에 맞지 <u>않는</u> 것은 무엇입니까? ··· (　　)

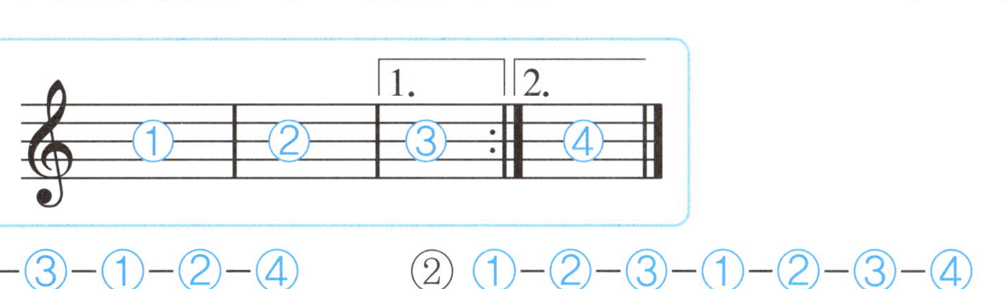

① 　② 　③ 　④

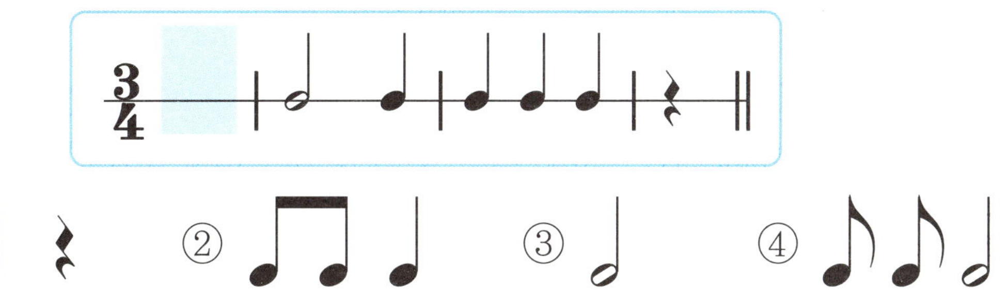

음악이론 평가문제

1. 다음 보표의 이름을 쓰세요.

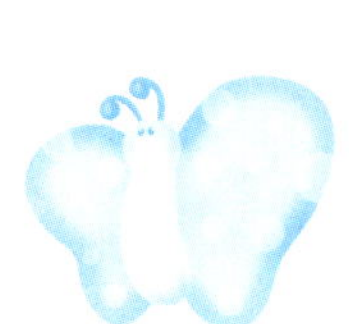 보표 

2. 표시된 부분의 이름은 무엇입니까? ················· (　　)

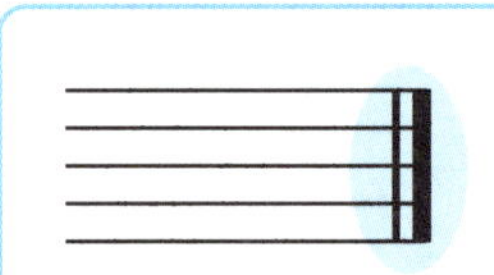

① 겹세로줄　　　　　② 세로줄
③ 끝세로줄　　　　　④ 도돌이표

3. 다음 중 임시표는 어느 것입니까? ················· (　　)

① $\frac{2}{4}$ 　　　② 𝄢 　　　③ ♪ 　　　④ ♮

4. 맞게 짝지어진 것은 어느 것입니까? ················· (　　)

5. '미'의 5도 위 음은 어느 것입니까? ················· (　　)

① 솔　　　　② 시　　　　③ 도　　　　④ 레

6. 차례가기를 할 때 █ 안에 맞는 음표를 그리세요.

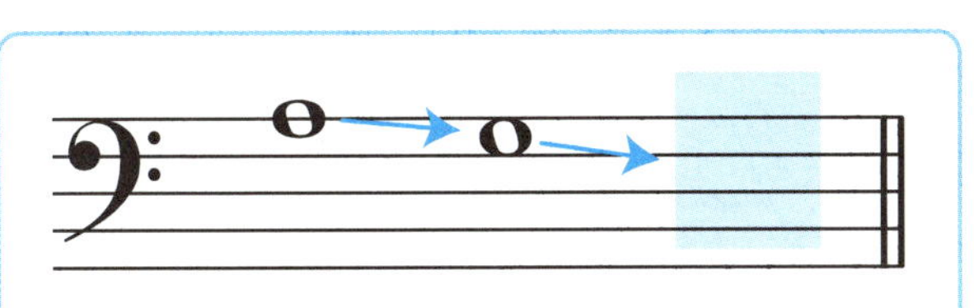

7. '미'의 리코더 운지는 어느 것입니까? ········· ( )

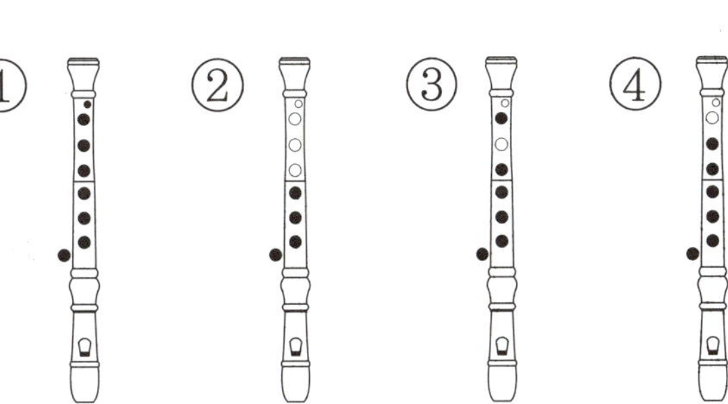

8. 온음 관계인 것은 어느 것입니까? ···················· ( )

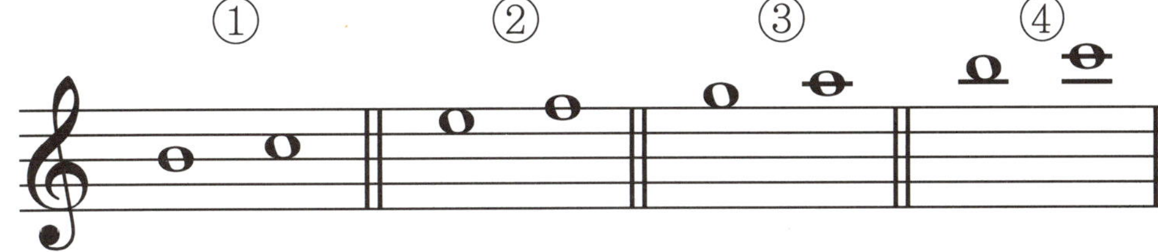

9. 건반에 표시된 음은 다장조의 어떤 화음입니까? ······· ( )

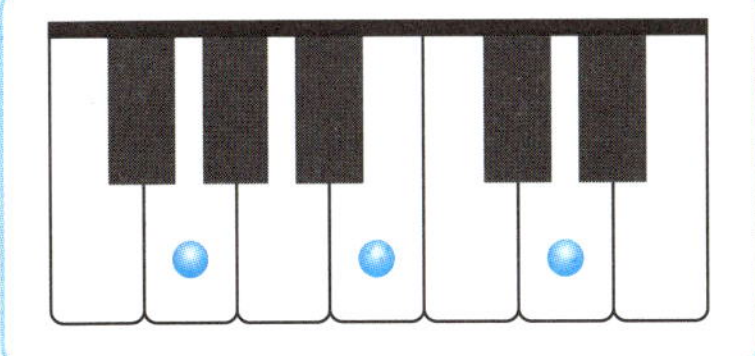

① 으뜸화음

② 버금딸림화음

③ 딸림화음

10. 점8분음표를 그리세요.

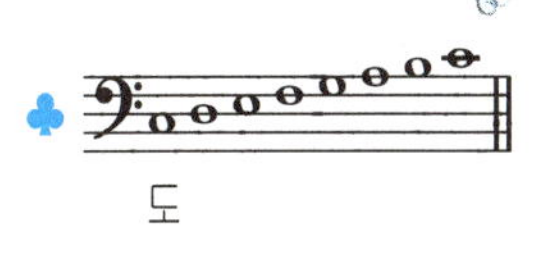

♣ 도 - 모두 막는다

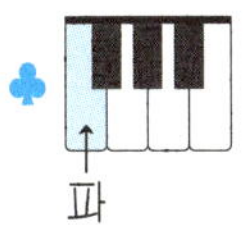

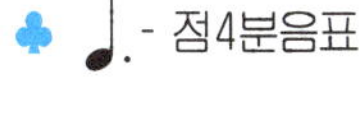

27회 음악이론 평가문제

1. 건반에 표시된 음은 어느 것입니까? ···················· (　　)

♣ 스타카토

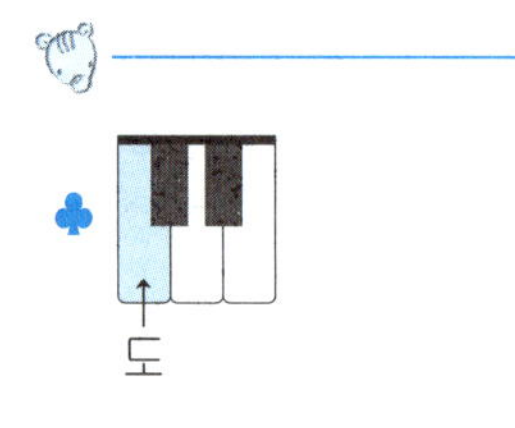

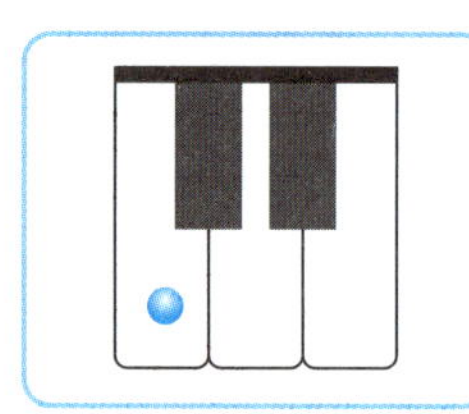

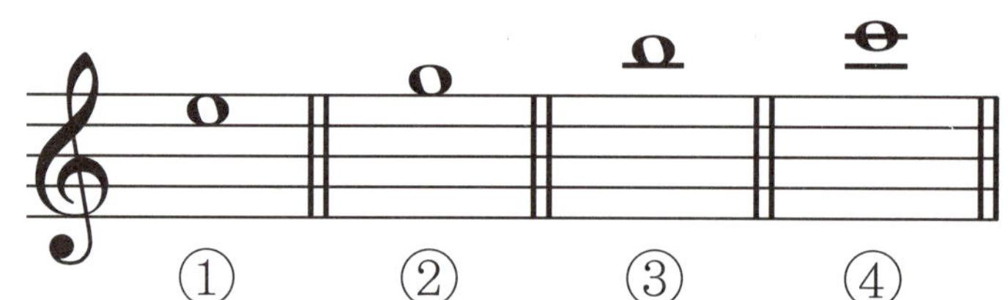

2. 다음 음을 맞게 연주한 것은 어느 것입니까? ·········· (　　)

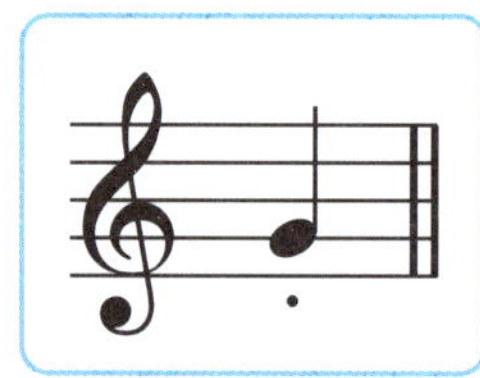

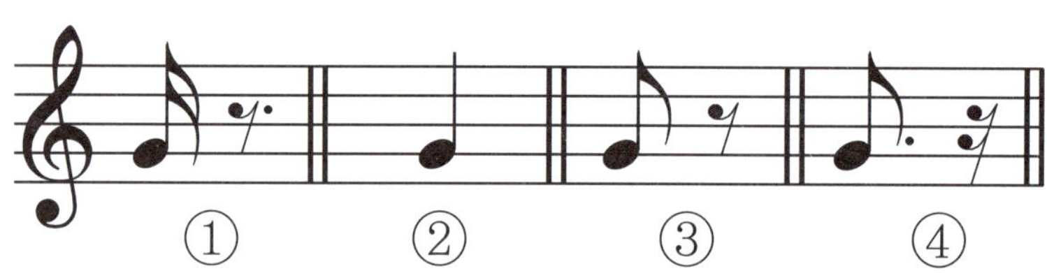

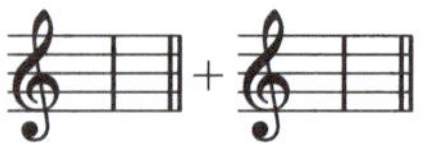

3. '동기 + 동기' 인 악곡의 구조는 무엇입니까?

4. 맞는 것에 ○표 하세요.

갖춘마디는 셈여림이 (센, 여린)내기로 시작합니다.

5. 아래둘째칸에 4분음표를 그리세요.

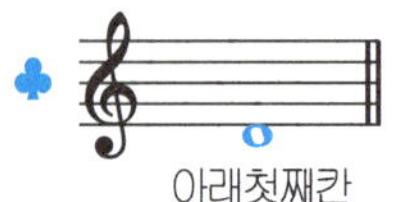

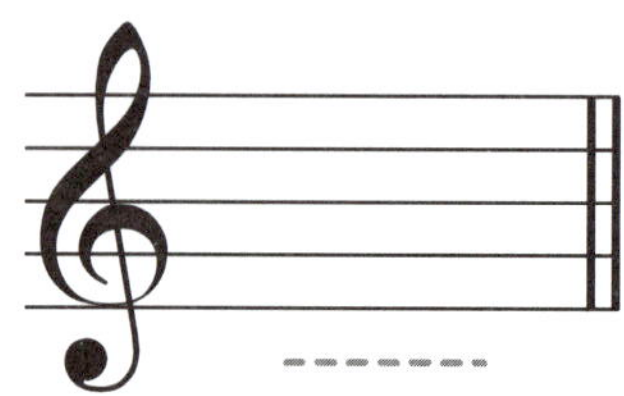

6. 길이가 같은 것끼리 줄로 이으세요.

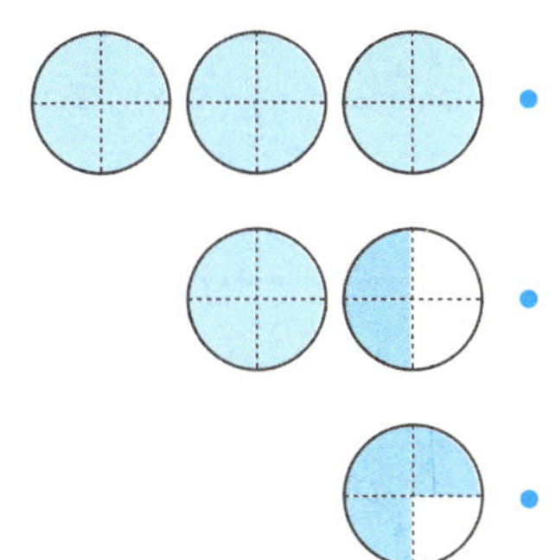

7. 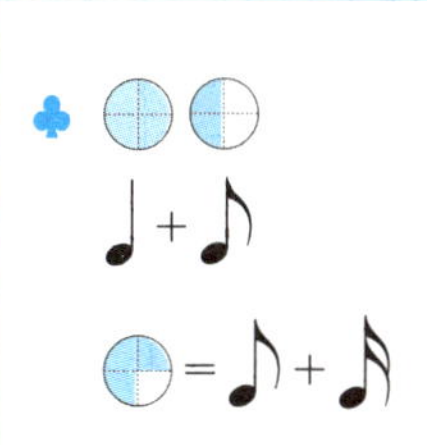 박자의 리듬은 어느 것입니까? ······················ (   )

① ② ③ ④

8. 예부터 전해 내려오는 우리 나라
동요를 무엇이라고 합니까?

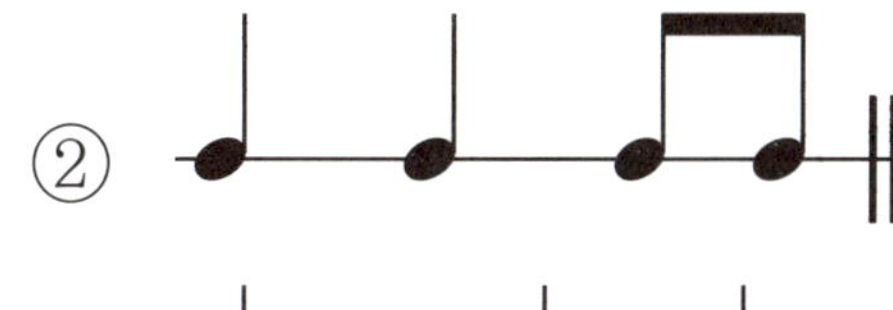

9. 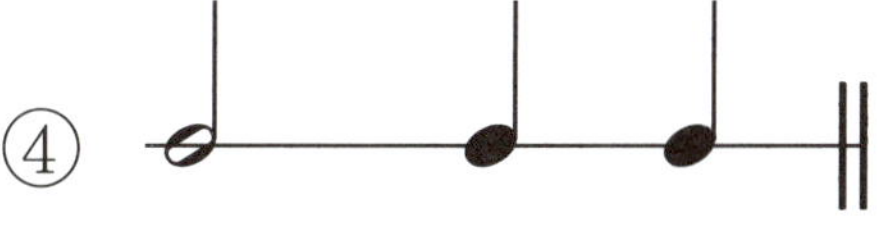 에 맞는 음표를 그리세요.

10. 실로폰의 연주 방법이 <u>틀린</u> 것은 어느 것입니까? ······ (   )

① 채는 가볍게 쥔다.　　② 음판의 가운데 부분을 친다.
③ 채의 가운데 부분을 잡는다.

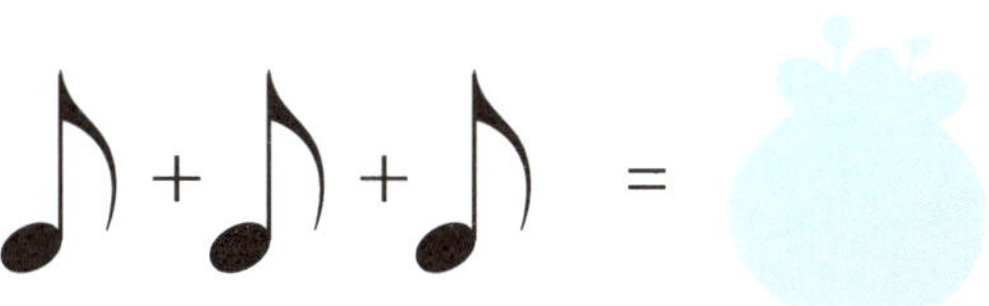

음악이론 평가문제

1. 짧게 끊어서 연주하는 연주 기호는 무엇입니까? ……… (   )

① 레가토   ② 스타카토   ③ 이음줄   ④ 붙임줄

2. 다음 음표와 길이가 <u>다른</u> 것은 어느 것입니까? ……… (   )

3. 다음 악보를 연주하면 점4분음표는 모두 몇 번 나옵니까?

번

4. 악기의 이름을 쓰세요.

5. 다장조의 으뜸딸림화음이 <u>아닌</u> 것은 어느 것입니까? … (   )

① 라도파   ② 파라도   ③ 라도미   ④ 도파라

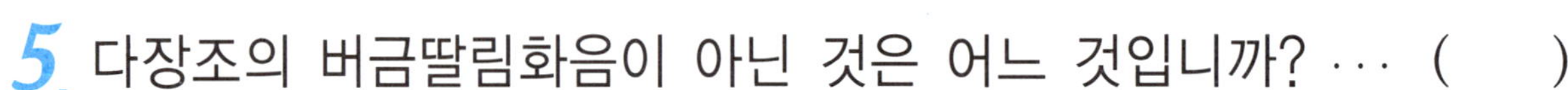

6. 음이름 '가'는 어느 것입니까? · (　)

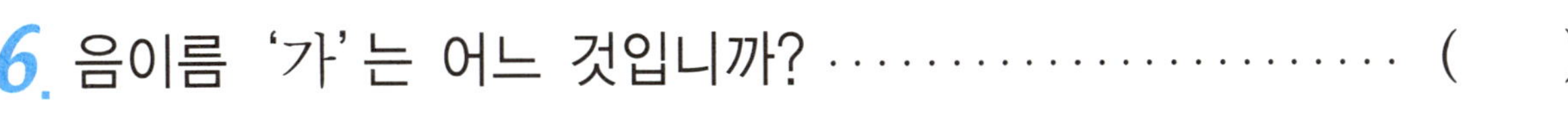

7. 세종대왕이 만든 우물 정(井)자 모양의
우리 나라 악보 이름을 쓰세요.

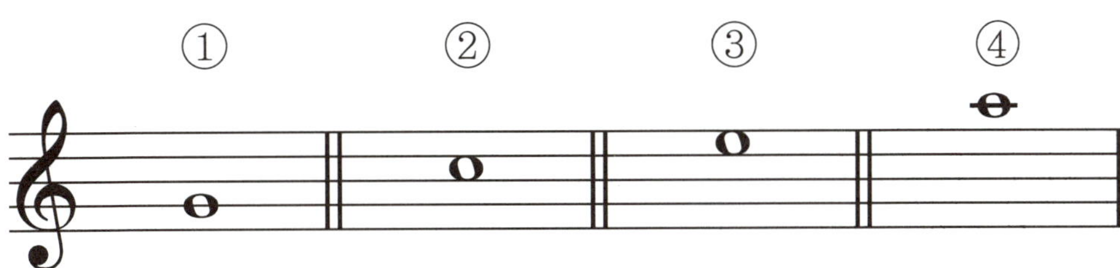

8. 표시된 오른손 손가락
번호를 쓰세요.

 번

9. 위첫째줄에 온음표를 그리세요.

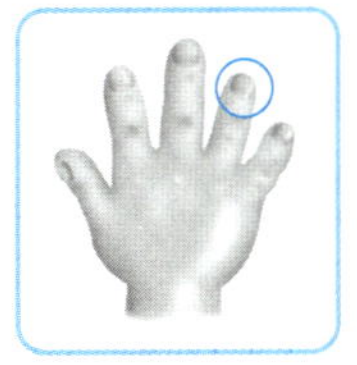

10. 표시된 곳의 반음 위 건반 계이름을 쓰세요.

1. 차례가기를 할 때 ■ 안에 맞는 음은 무엇입니까? ····· (   )

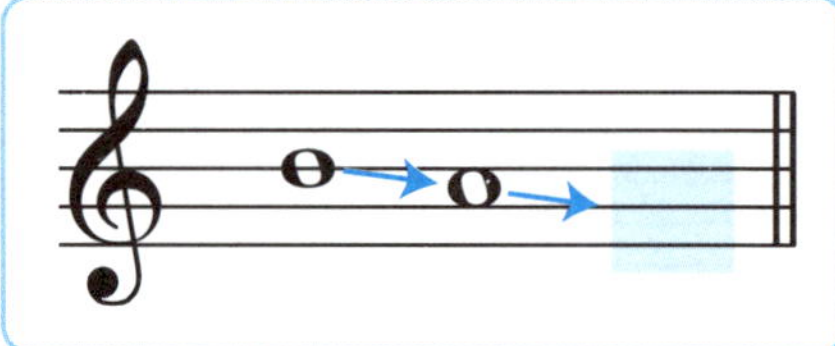

① 도   ② 미
③ 파   ④ 솔

2. 한 마디 전체를 쉴 때 어떤 쉼표를 사용합니까? ······· (   )

① 8분쉼표   ② 4분쉼표   ③ 2분쉼표   ④ 온쉼표

3. 점4분음표를 바르게 그린 것은 어느 것입니까? ········ (   )

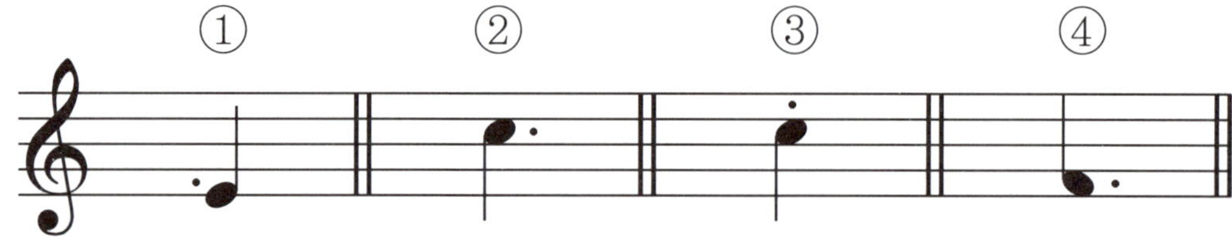

4. 위첫째줄에 있는 음의 계이름은 무엇입니까? ·········· (   )

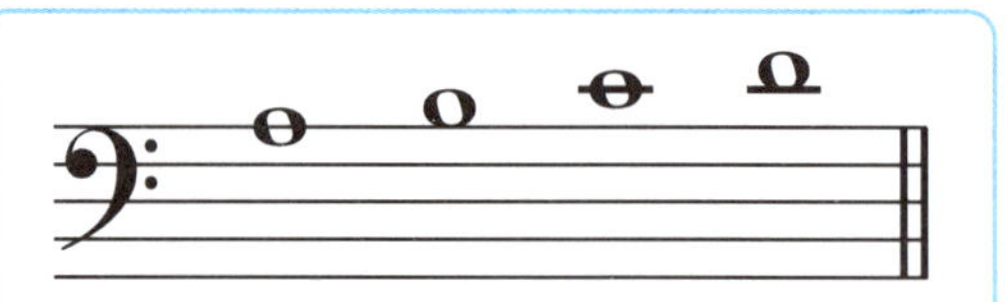

① 라   ② 시
③ 도   ④ 솔

5. 낮은음자리보표는 어느 것입니까? ····················· (   )

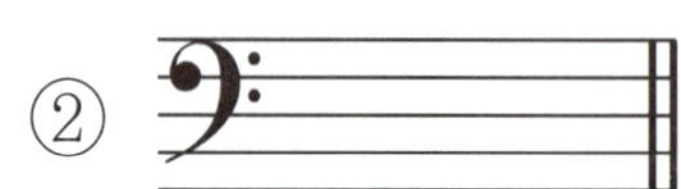

6. 화음이 <u>다른</u> 하나는 어느 것입니까? ··················· (　　)

7. 반음 내려서 연주하는 것은 어느 것입니까? ·········· (　　)

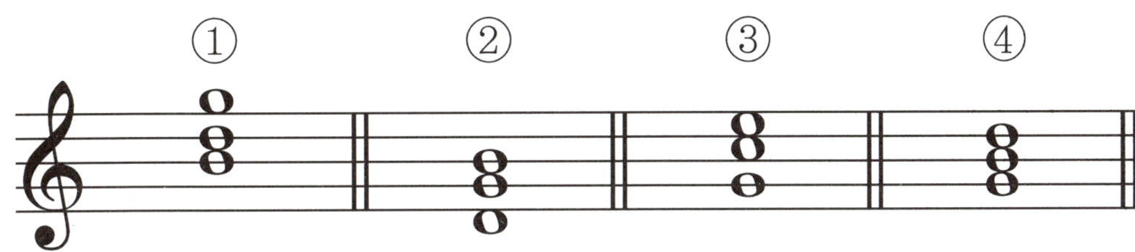

8. 갖춘마디의 리듬은 어느 것입니까? ···················· (　　)

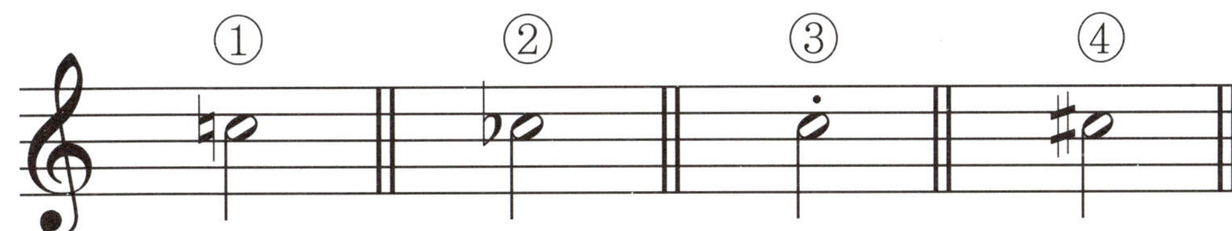

9. 실로폰의 연주 방법이 <u>틀린</u> 것은 어느 것입니까? ······ (　　)

① 채를 놓치지 않도록 주먹을 꽉 쥔다.
② 가볍게 튕기듯이 친다.
③ 두 채는 90°가 되도록 잡는다.

10. 다음 중 리듬악기는 어느 것입니까? ················ (　　)

① 단소　　　② 실로폰　　③ 장구　　　④ 가야금

♣ 계이름이 다른 화음

♣ 플랫

♣ 모든 마디가 3박을 갖춤

♣ 계이름을 연주할 수 없다

음악이론 평가문제

1. 계이름이 <u>틀린</u> 것은 어느 것입니까? ···················· (   )

2. 길이가 짧은 음표부터 나열한 것은 어느 것입니까? ···· (   )

♣ 음정 :
　두 음 사이의 거리

3. 음정이 <u>다른</u> 하나는 어느 것입니까? ···················· (   )

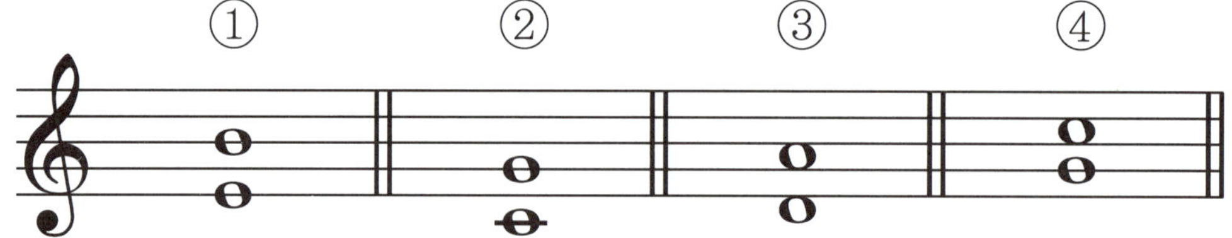

4. ★은 어디에 있습니까? ···························· (   )

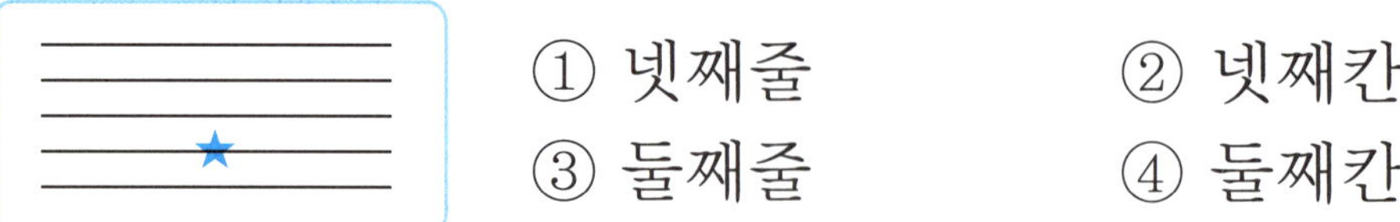

① 넷째줄　　② 넷째칸

③ 둘째줄　　④ 둘째칸

♣ ♩. = ♩ + ♪

5. 표시한 점과 길이가 같은 음표는 무엇입니까?

음표

68

6. 세로줄을 그어서 작은악절을 만드세요.

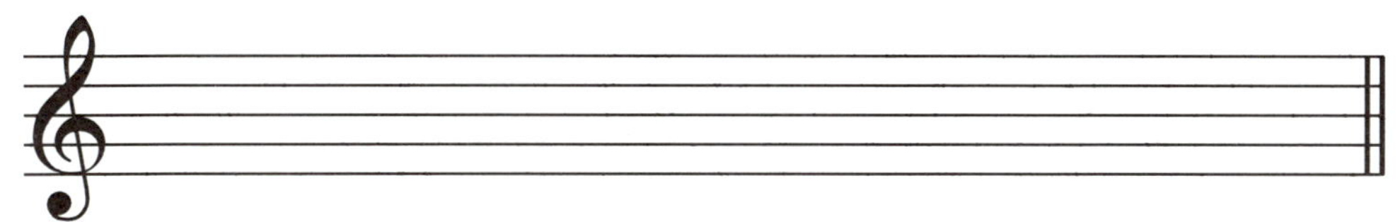

7. ▨ 안에 맞는 것은 어느 것입니까? ···················· (　　)

① ② ③ ④

8. 다음 악기의 이름을 쓰세요.

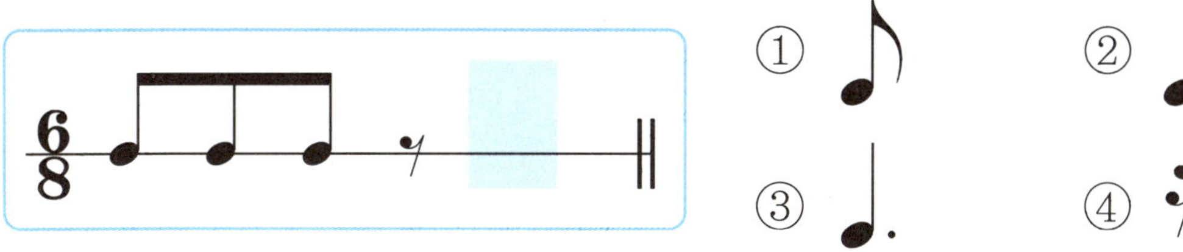

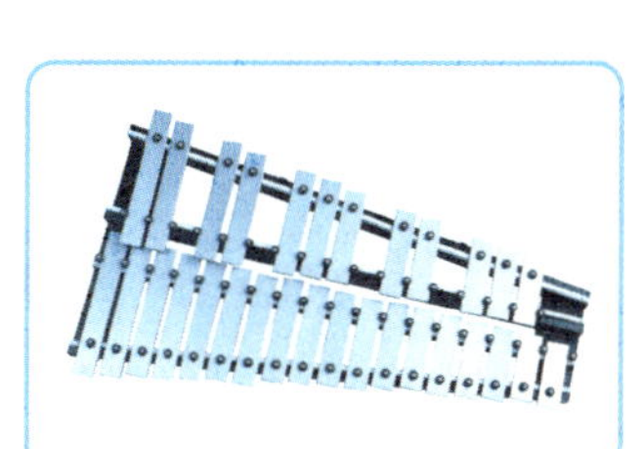

9.  를 나타낸 것은 어느 것입니까? ····· (　　)

① 　② 　③ 　④ 

10. 다음 표시된 것의 이름은 무엇입니까? ················ (　　)

① 스타카토　② 레가토
③ 붙임줄　　④ 이음줄

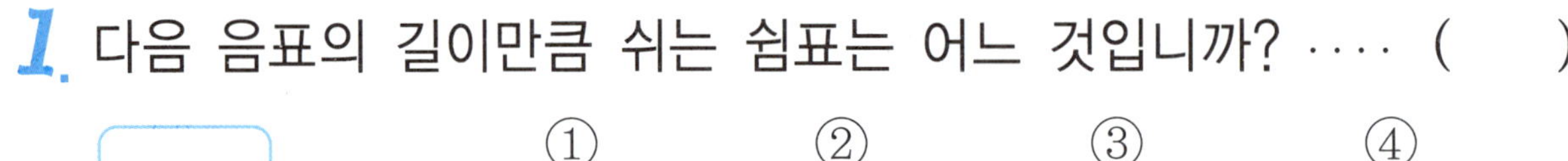

1. 다음 음표의 길이만큼 쉬는 쉼표는 어느 것입니까? ···· (   )

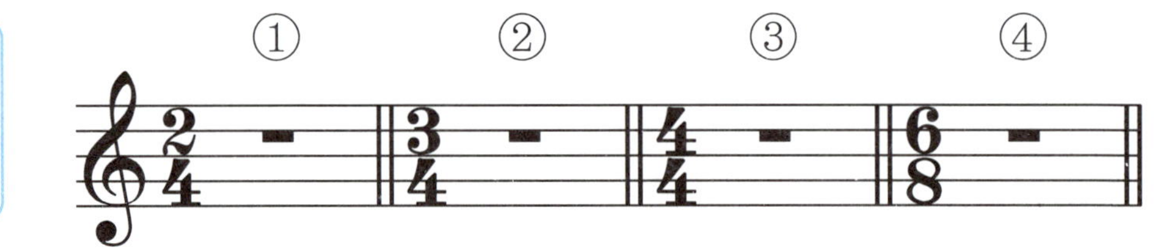

2. '동기'는 몇 마디입니까? ···························· (   )

① 1마디   ② 2마디   ③ 4마디   ④ 8마디

3.  를 음표로 나타낸 것은 어느 것입니까? ······ (   )

① ♩ ♩ ♩   ② ♩. ♩. ♩.   ③ ♩.   ④ ♪ ♪ ♪

4. 계이름 '라'의 음이름을 쓰세요.

5. 길이가 짧은 음표부터 나열한 것은 어느 것입니까? ···· (   )

① ♩ - ♪. - ♪ - ♪   ② ♪ - ♪ - ♪ - ♩

③ ♪ - ♪ - ♪. - ♩   ④ ♪ - ♪ - ♩ - ♪

6. '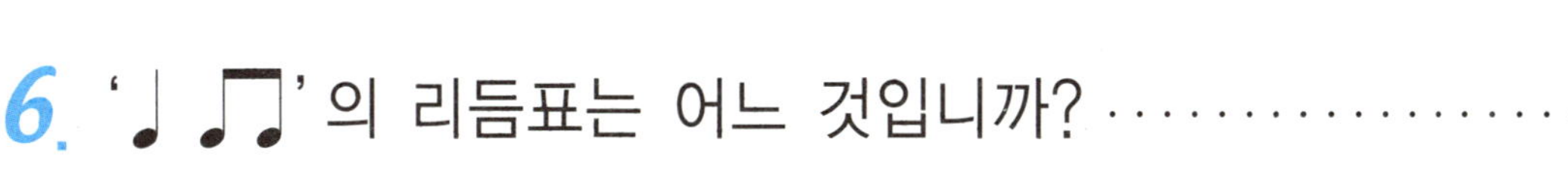'의 리듬표는 어느 것입니까? ················ (　　)

① ∨ ∨　　　② ∨ \ /　　　③ ∨ ＼　　　④ ∨∨ ∨

7. 다음 악보를 연주하면 점8분음표는 모두 몇 번 나옵니까?

 번

8. 높은음자리보표에서 아래첫째줄에 있는 음의 계이름은 무엇입니까? ·· (　　)

① 도　　　　② 레　　　③ 미　　　④ 시

9. 우리 나라 악기는 어느 것입니까? ················· (　　)

① 실로폰　　② 리코더　　③ 탬버린　　④ 단소

10. ■ 안에 들어갈 맞는 말을 쓰세요.

못갖춘마디의 곡에서는 　　　 마디와 끝마디를 합치면 한 마디의 박 수가 됩니다.

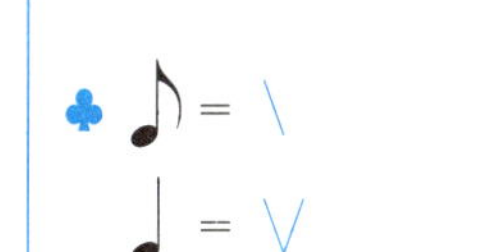

음악이론 평가문제

1. 길이가 <u>다른</u> 하나는 어느 것입니까? ················· (　　)

① ②　③　④

2. 마디 수가 작은 것부터 나열한 것은 어느 것입니까? ··· (　　)

① 동기 – 큰악절 – 작은악절　② 동기 – 작은악절 – 큰악절
③ 큰악절 – 작은악절 – 동기　④ 큰악절 – 동기 – 작은악절

3. 실로폰 채를 바르게 잡은 것은 어느 것입니까? ········· (　　)

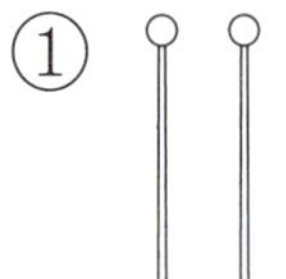　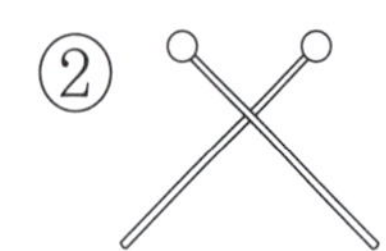　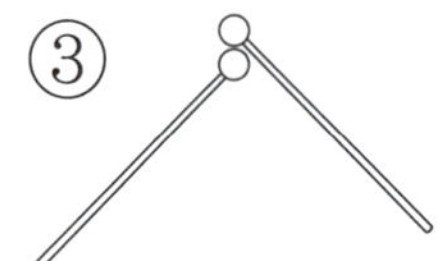　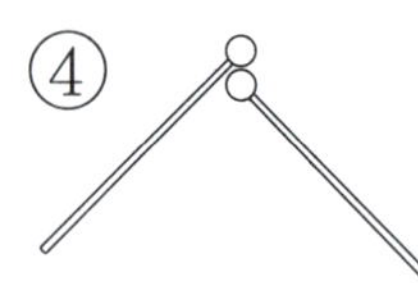

4. 아래둘째줄에 있는 음표는 어느 것입니까? ··········· (　　)

5. 뛰어가기를 할 때　에 맞지 <u>않는</u> 음은 어느 것입니까? (　　)

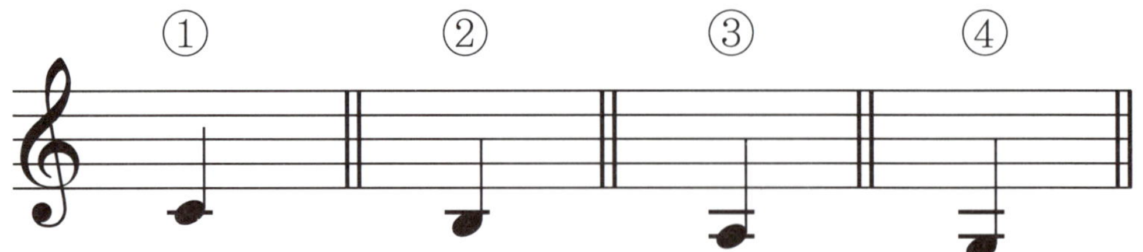

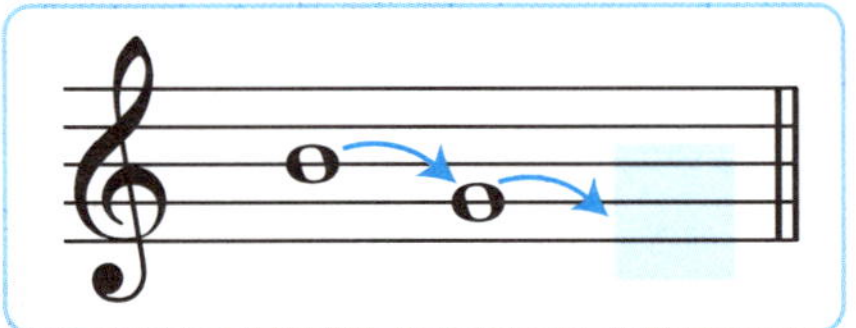

① 파　② 미　③ 레　④ 도

6. 다음 중 '1도'는 어느 것입니까? · · · · · · · · · · · · · · · · · · · ( )

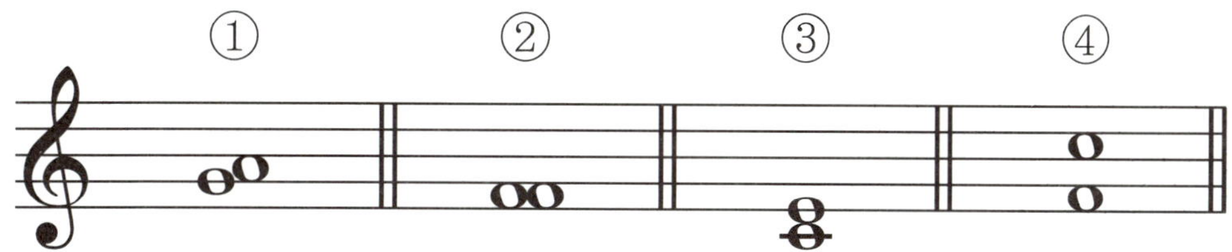

7. 셈여림이 ◎ ○ ○ ○ ○ ○ 인 악보는 어느 것입니까? · · · · ( )

8. 가장 짧게 연주하는 것은 어느 것입니까? · · · · · · · · · · · ( )

① ② ③ ④

9. 다음 악기의 이름을 쓰세요.

10. 전래 동요에 대한 <u>틀린</u> 설명은 어느 것입니까? · · · · · · · ( )

① 5음음계와 장단을 사용한다.

② 예부터 전해 내려온 동요다.

③ 작곡가가 잘 알려져 있다.

1. 색칠한 부분의 이름은 무엇입니까? · · · · · · · · · · · · · · · · · · ( )

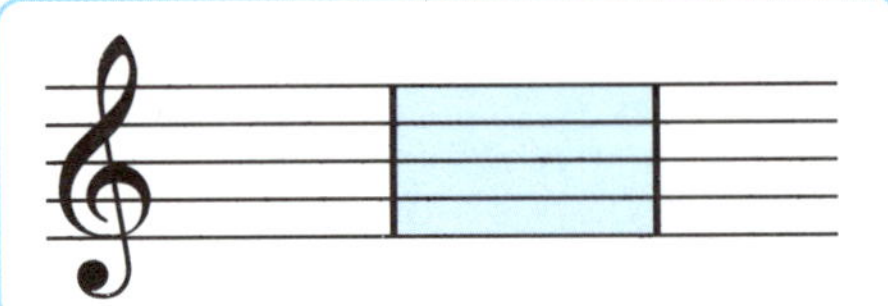

① 동기　　② 리듬
③ 마디　　④ 박자

2. 다음 악보의 실제 연주 길이는 몇 박입니까? · · · · · · · · · ( )

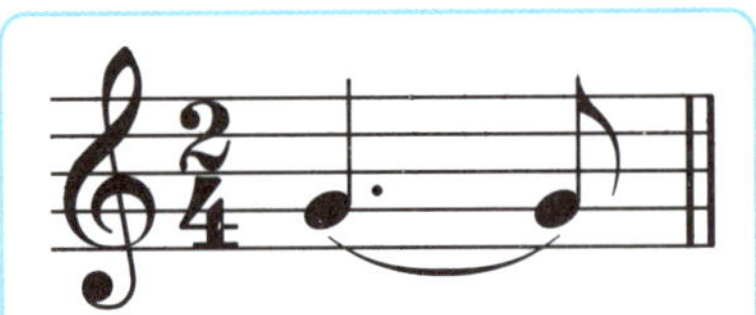

① 1박　　② 1박 반
③ 2박　　④ 3박

3. 올림표가 붙은 음의 원래 계이름은 무엇입니까? · · · · · · · ( )

① 솔　　② 파
③ 미　　④ 레

4. 길이가 가장 짧은 쉼표는 어느 것입니까? · · · · · · · · · · · · ( )

① 　　② 　　③ 　　④

5. 건반에 표시된 음은 어느 것입니까? · · · · · · · · · · · · · · · · · ( )

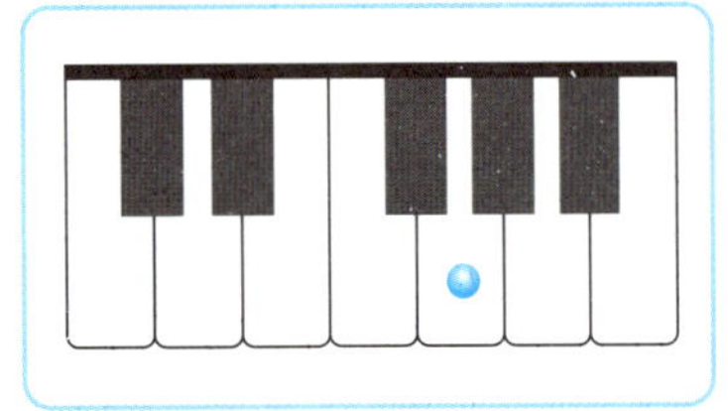

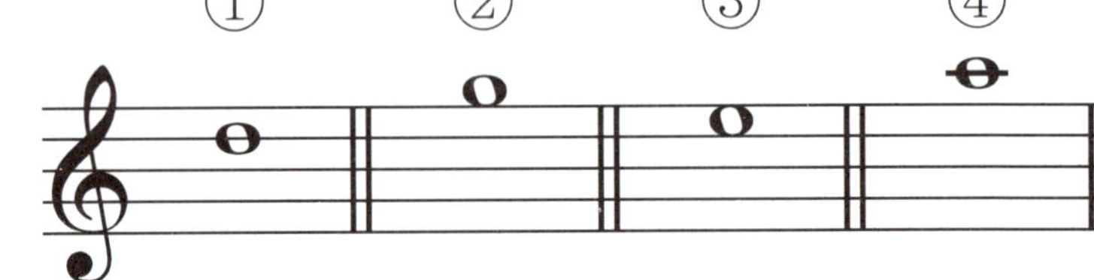

① 　② 　③ 　④

6. 다음 음표를 정간보에 그린 것은 어느 것입니까? …… (   )

7. 리듬악기가 <u>아닌</u> 것은 어느 것입니까? …………… (   )

① 단소　　　　　② 탬버린
③ 장구　　　　　④ 트라이앵글

8. ▦ 안에 들어갈 음표는 어느 것입니까? ………… (   )

① 8분음표　　　② 4분음표
③ 점4분음표　　④ 2분음표

9. ♯, ♭로 변화시켰던 음을 다시 제자리로
돌리는 임시표를 그리세요.

10. 빈 칸에 맞는 음이름을 쓰세요.

계이름	도	레	미	파	솔	라	시
음이름		라	마		사	가	

1. 뛰어가기를 할 때 ◯ 안에 맞는 계이름을 쓰세요.

레 – 파 – ◯ – 도

2. 다음 음표의 리듬말은 무엇입니까? · · · · · · · · · · · · · · · · · · ( )

① 따 따아 ② 따 딴
③ 딴 따안 ④ 딴 따아안

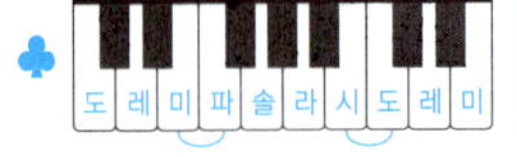

3. 온음 관계인 것은 어느 것입니까? · · · · · · · · · · · · · · · · · · ( )

① 시 – 도 ② 파 – 솔 ③ 미 – 파

4. 몇 박자의 셈여림입니까? · · · · · · · · · · · · · · · · · · ( )

① $\frac{2}{4}$ ② $\frac{3}{4}$ ③ $\frac{6}{8}$ ④ $\frac{4}{4}$

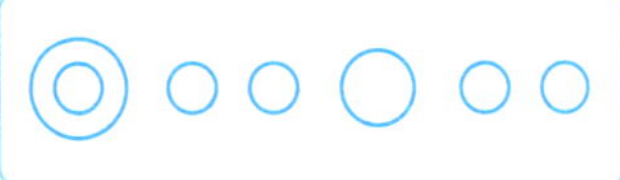

5. ▨ 안에 맞는 말은 무엇입니까? · · · · · · · · · · · · · · · · · · ( )

한도막 형식은 ▨ 1개로 이루어집니다.

① 동기 ② 작은악절 ③ 큰악절 ④ 마디

♣ 한도막 형식 - 8마디

6. 우리 나라 5음음계가 <u>아닌</u> 것은 무엇입니까? ········· (　　)

① 솔라도레미　　　　② 라도레미솔
③ 도레미솔라　　　　④ 도미파솔라

7. 서로 <u>잘못</u> 연결된 것은 어느 것입니까? ··············· (　　)

① ♩ – 스타카토　　　　② ♪ – 점8분음표
③ ♩ – 메조 스타카토　　④ ♩. – 점4분음표

8. 2개의 동기는 모두 몇 마디입니까? ·················· (　　)

① 2마디　　② 4마디　　③ 8마디　　④ 1마디

9. 다음 음 위로 만들어지는 3화음은 무엇입니까? ········ (　　)

① 레파라　　　　② 솔시레
③ 파라도　　　　④ 파솔라

10. 다음 악기의 이름을 쓰세요.

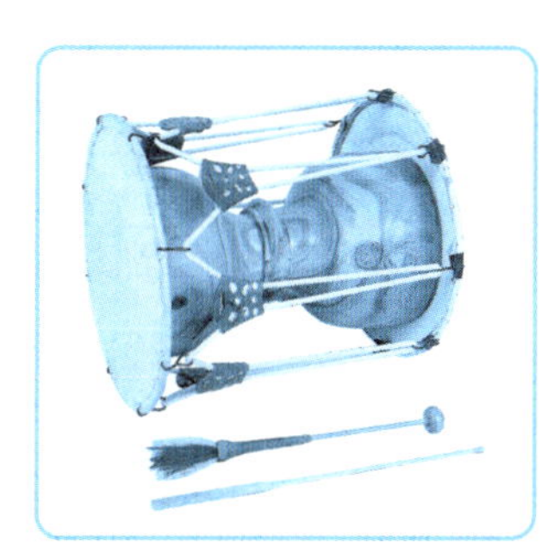

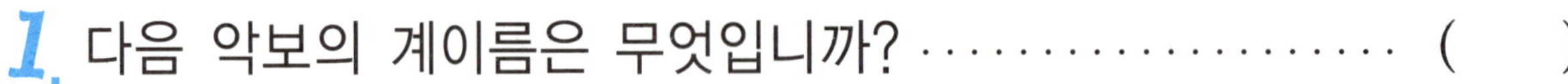

1. 다음 악보의 계이름은 무엇입니까? ·················· (   )

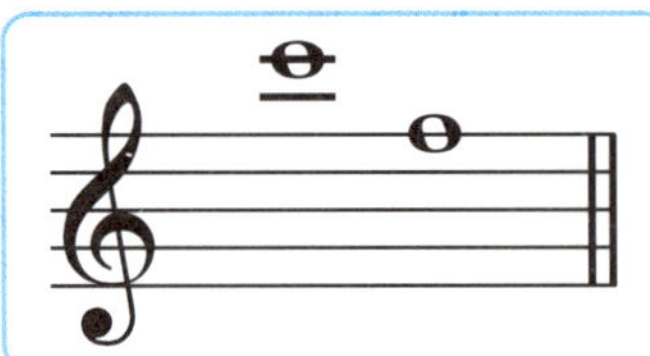

① 라 – 파　　② 도 – 미
③ 도 – 파　　④ 시 – 파

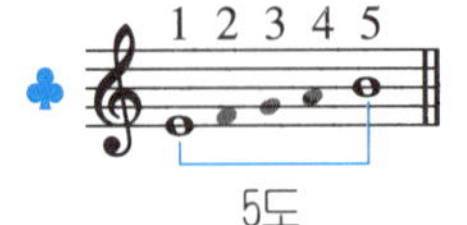

2. 두 음의 음정은 몇 도입니까? ························ (   )

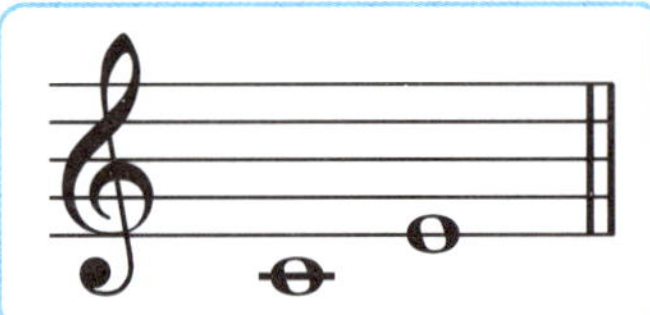

① 2도　　② 3도
③ 4도　　④ 5도

3. 다음 악보를 연주할 때 맞는 음판 번호를 쓰세요.

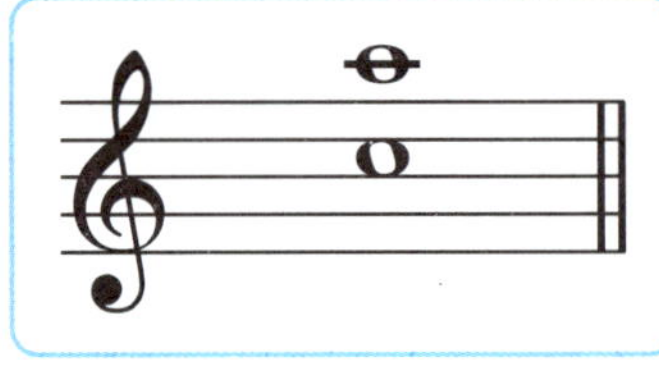

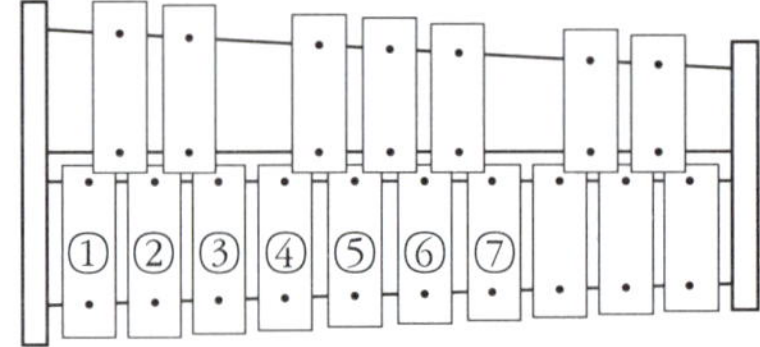

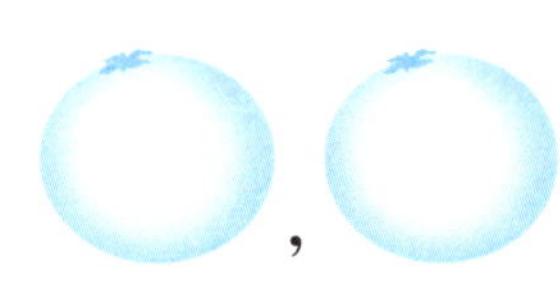

,

4. 음표와 박의 길이가 같은 쉼표를 그리세요.

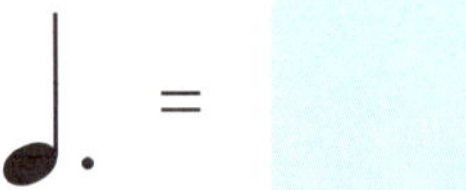

5. 오선에 높은음자리표를 그리세요.

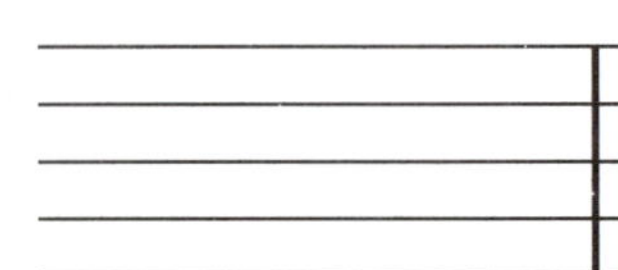

78

6. 다음 쉼표의 길이를 나타낸 것은 어느 것입니까? ······ (   )

 ① 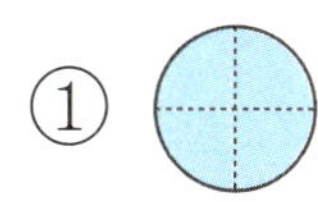 ② 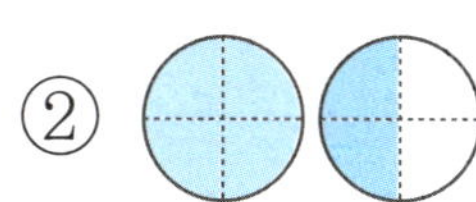 ③ 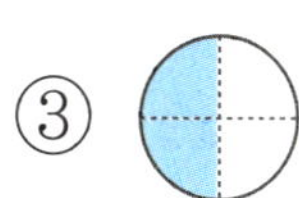 ④ 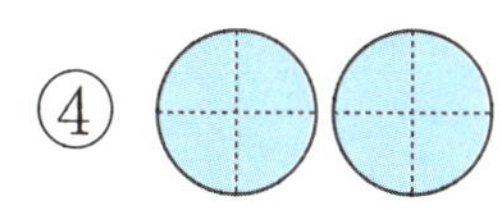

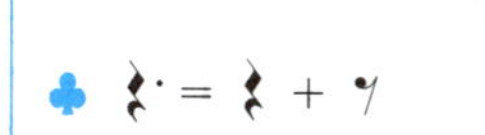

7. 다음 악보에 맞는 박자젓기를 그리세요.

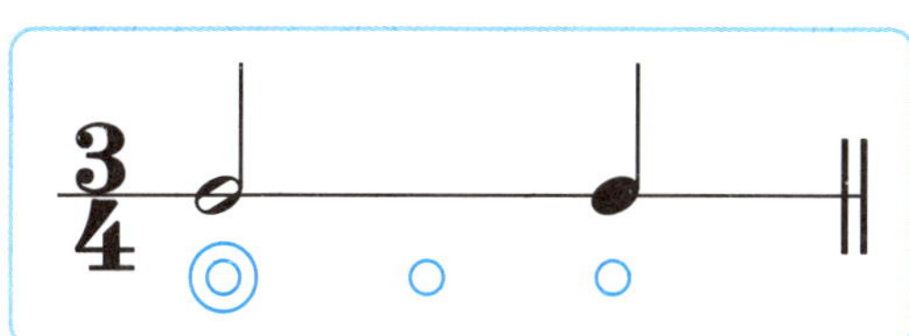

8.  를 음표로 나타낸 것은 어느 것입니까? ······ (   )

① 　② 　③ 　④ 

9. 실제 소리내는 길이가 <u>다른</u> 하나는 어느 것입니까? ···· (   )

① ② ③ ④

10. 다음 악곡의 구조는 무엇입니까? ······················ (   )

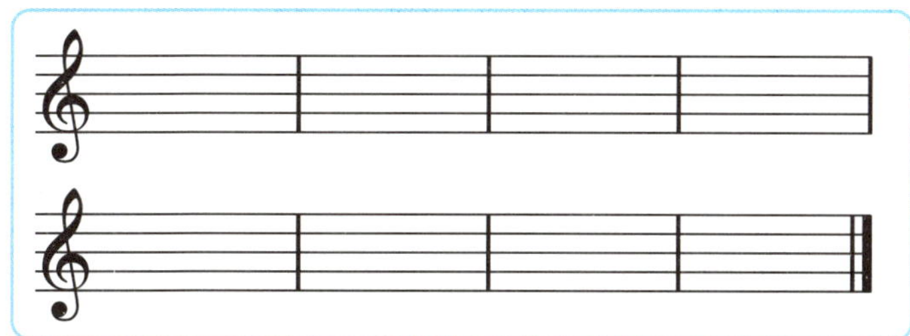

① 동기
② 작은악절
③ 큰악절

1. $\frac{3}{4}$ 박자의 못갖춘마디 곡에서 첫마디와 끝마디의 박 수를 더하면 몇 박이 됩니까? ··· (   )

① 2박   ② 3박   ③ 4박   ④ 6박

2. 다음 음에 맞는 리코더 운지는 어느 것입니까? ········· (   )

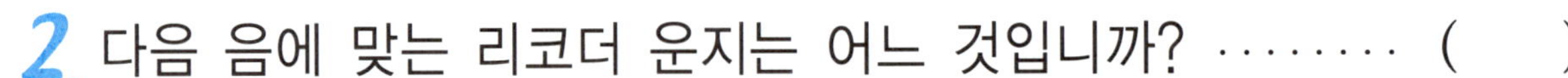

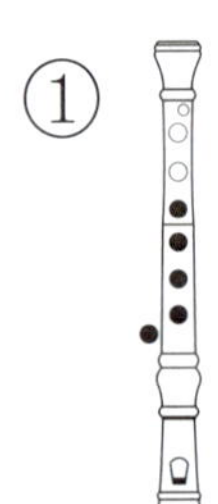
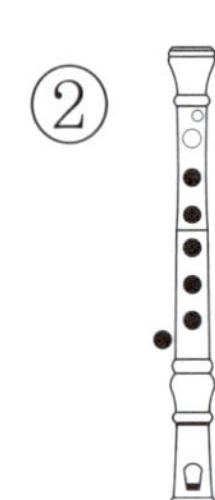
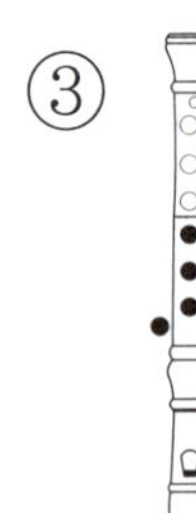

3. $\frac{3}{4}$ 박자의 셈여림은 어느 것입니까? ····················· (   )

① ◎ ○ ○ ○   ② ◎ ○ ○ ○ ○ ○

③ ◎ ○   ④ ◎ ○ ○

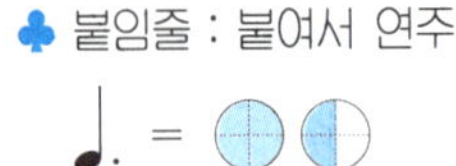

4. 다음 악보의 실제 연주 길이는 몇 박입니까?

박

5. 한 마디 전체를 쉴 때 사용하는 쉼표를 그리세요.

점 수

6. ‘기’로 묶어서 그리세요.

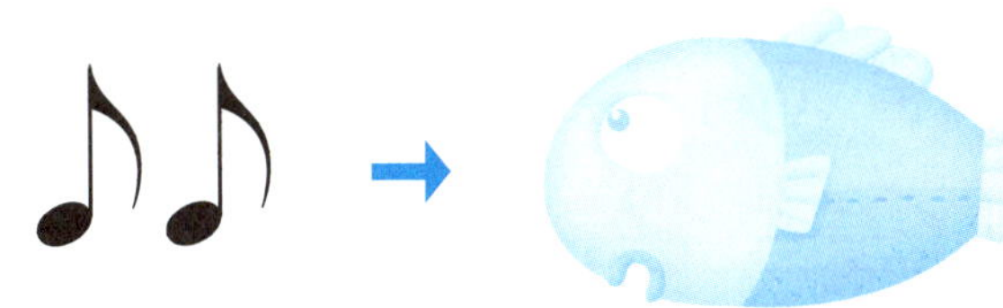

7. 다음 음이 실제로 연주되는 길이는 어느 것입니까? ···· ( )

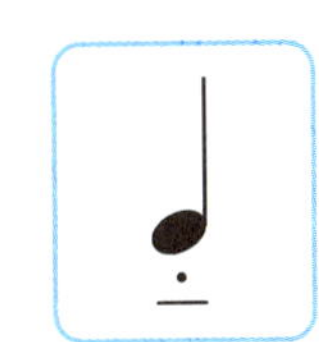

①   ②   ③   ④

♣ $\frac{3}{4}$길이 만큼 연주

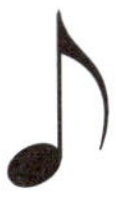

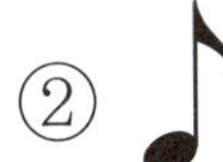

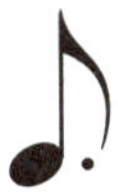

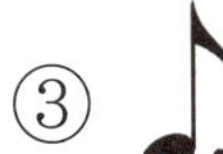

8. 다음 음정은 몇 도입니까? ···························· ( )

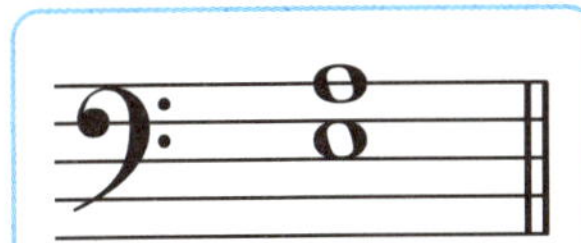

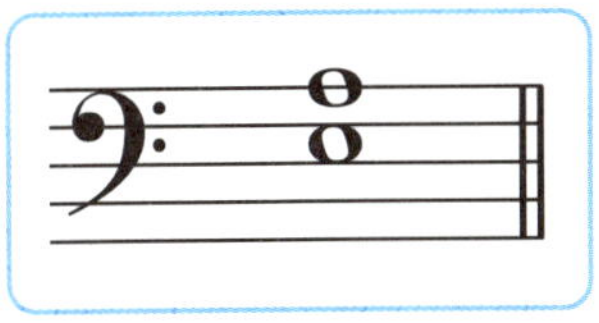

① 2도 ② 3도
③ 4도 ④ 5도

9. 임시표가 없는 마디는 어디입니까? ··················· ( )

① 첫째마디
② 둘째마디
③ 셋째마디

♣ 임시표 :
음 높이의 변화

10. 다장조의 주요 3화음의 이름을 쓰세요.

♣ 으뜸화음
딸림화음
버금딸림화음

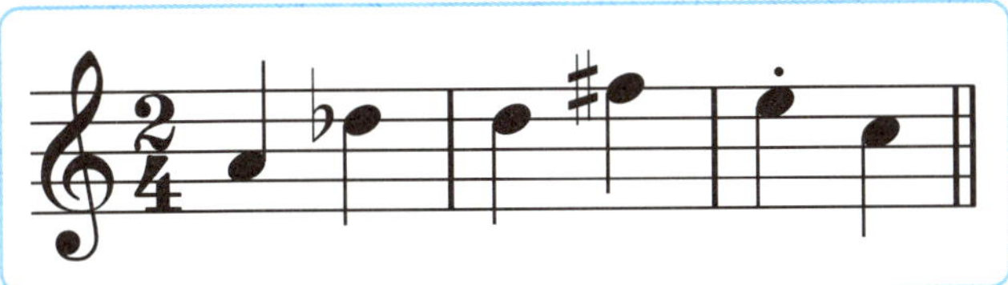

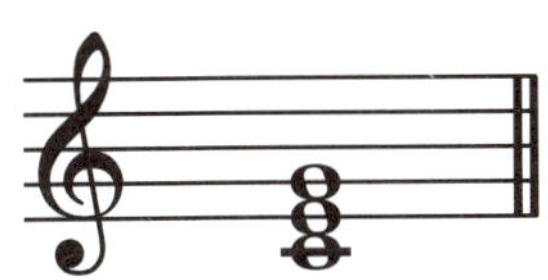

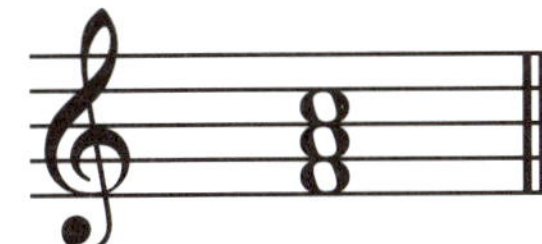

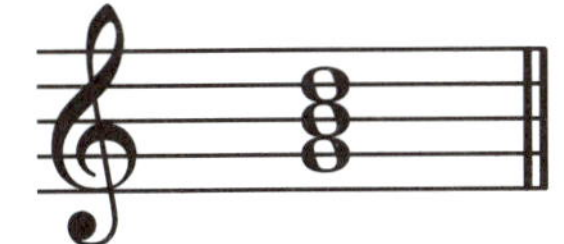

음악이론 평가문제

1. 다음 표시된 것의 이름을 쓰세요.

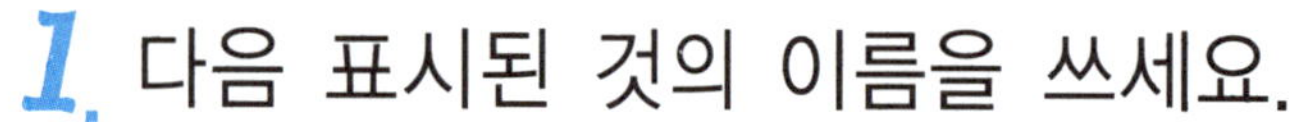

2. 위둘째줄에 있는 음의 계이름은 무엇입니까?

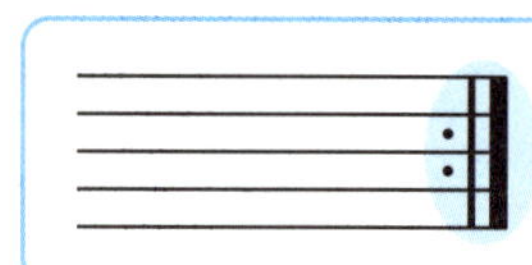

♣ $\frac{6}{8}$: 8분음표가 한 박

3. $\frac{6}{8}$ 박자에서 '3박'이 되는 음표는 무엇입니까? ········ (   )

4. 건반에 맞는 계이름은 어느 것입니까? ················· (   )

① 도   ② 미
③ 레   ④ 파

5. 다음 음표와 길이가 같은 것은 무엇입니까? ·········· (   )

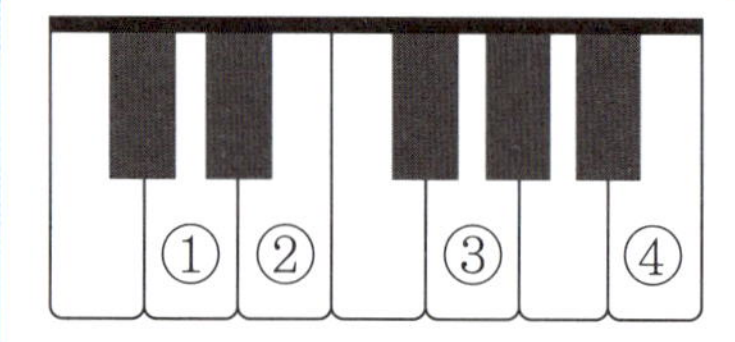 ①    ②    ③ 

6. 못갖춘마디 곡의 셈여림은 어느 것입니까? ·············· (   )

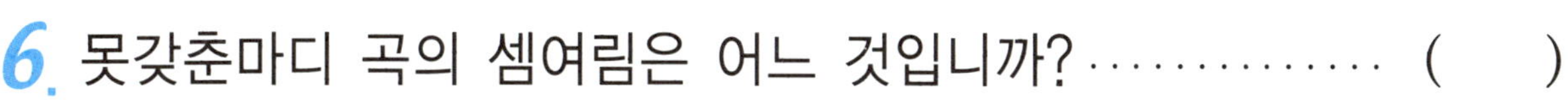

7. 16분음표의 길이만큼 연주하는 것은 어느 것입니까? ··· (   )

8. 두도막 형식은 몇 마디입니까?

 마디

9. 넷째칸에 점4분음표를 그리세요.

10. 우리 나라 5음음계는 어느 것입니까? ················ (   )

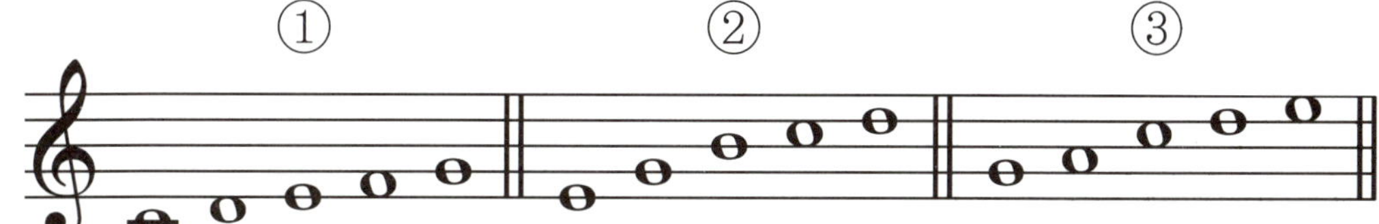

음악이론 평가문제

1. 음이름이 <u>틀린</u> 것은 어느 것입니까? · · · · · · · · · · · · · · · (   )

2. ▨ 안에 들어갈 수 <u>없는</u> 것은 어느 것입니까? · · · · · · · · (   )

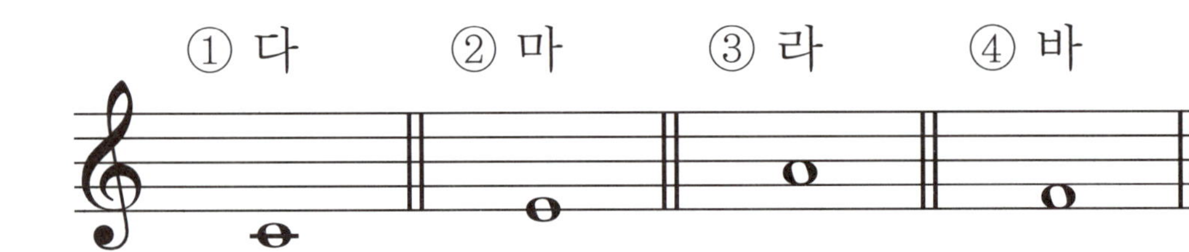

3. 계이름과 음이름이 <u>잘못</u> 짝지어진 것은 어느 것입니까? (   )

① 도 — 가   ② 미 — 마   ③ 솔 — 사   ④ 파 — 바

4. 반음 올리는 임시표를 그리세요.

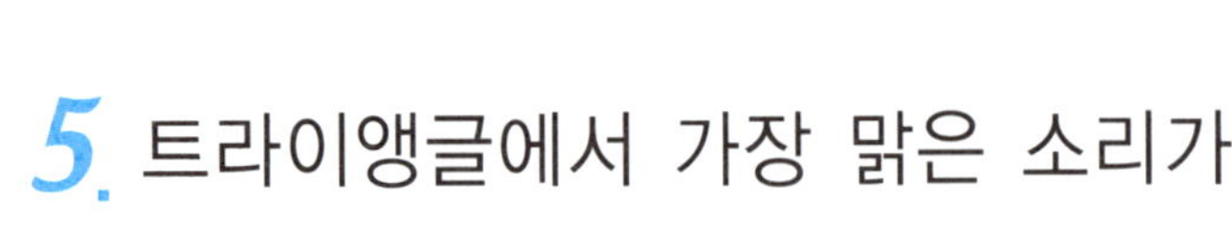

5. 트라이앵글에서 가장 맑은 소리가
나는 부분은 어디입니까?

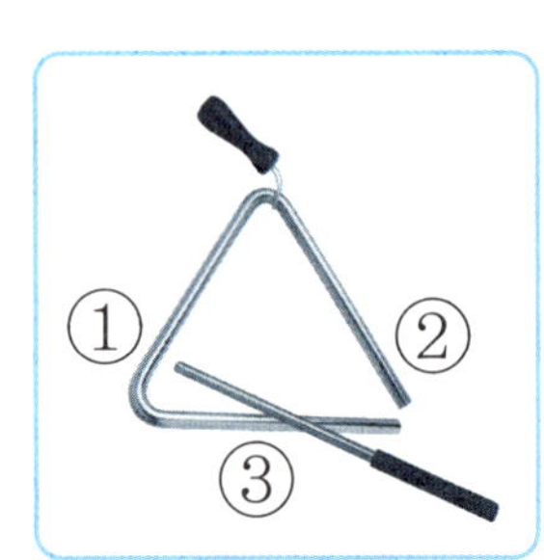

번

♣ 𝄽· = 한 박 반

♣ 도 레 미 파 솔 라 시
　 다 라 마 바 사 가 나

♣ 임시표 - ♯ , ♭ , ♮

6. 반음 올려서 연주하는 것은 어느 것입니까? ·········· (   )

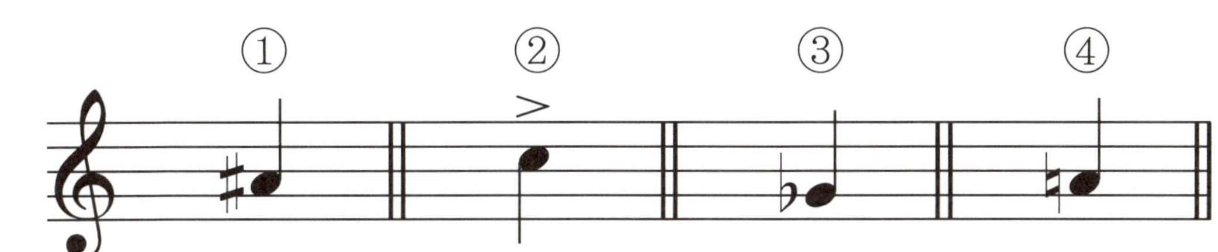

7. 갖춘마디 곡의 시작부분 셈여림은 어느 것입니까? ····· (   )

①  ② 

③ ④

8. '도'와 5도 음정이 되는 음은 무엇입니까? ··········· (   )

① 미   ② 솔   ③ 라   ④ 시

9. 리코더의 연주 방법이 바른 것은 어느 것입니까? ······ (   )

① 높은 소리는 여리게 분다.
② 입술을 가볍게 문다.
③ 구멍을 열 때에는 손가락을 높이 든다.

10. 다음 악보를 정간보에 그린 것은 어느 것입니까? ······ (   )

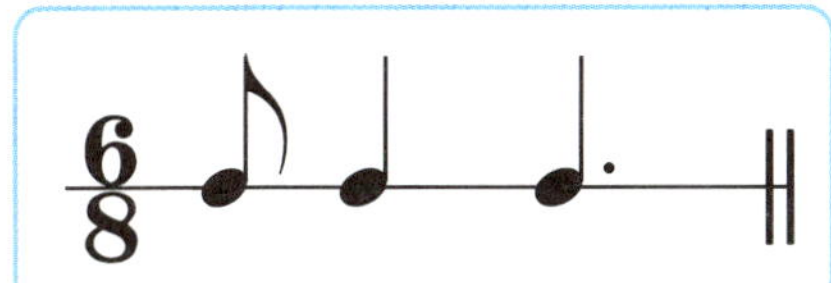   ①    ② 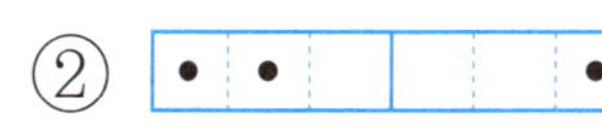

③   ④ 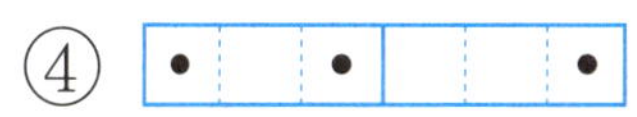

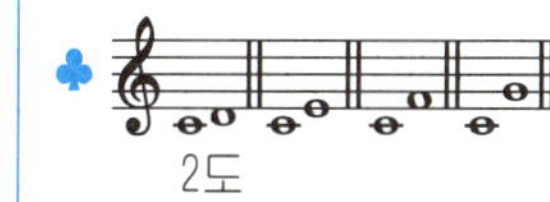

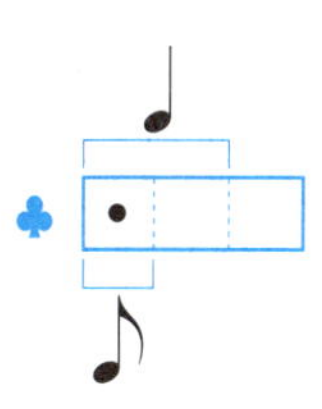

1. 건반에 표시된 음은 어느 것입니까? · · · · · · · · · · · · · · · · · (   )

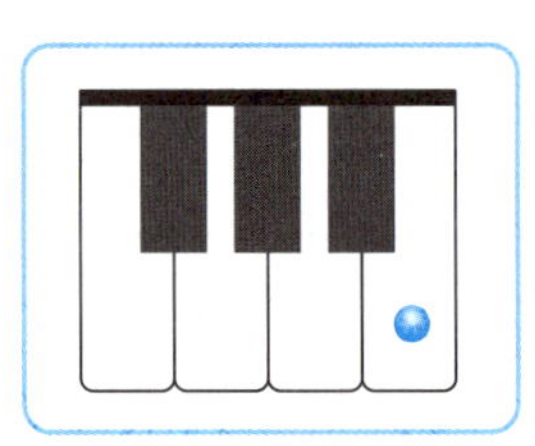

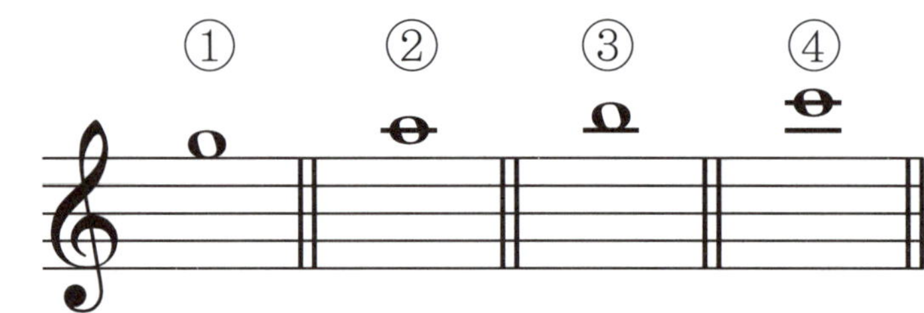

2. ●에 맞는 악보는 어느 것입니까? · · (   )

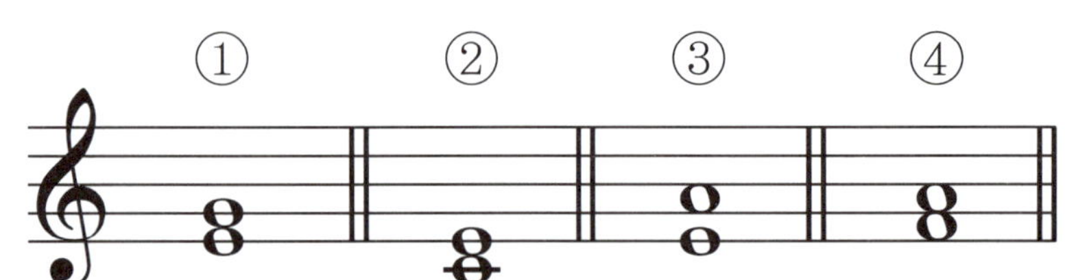

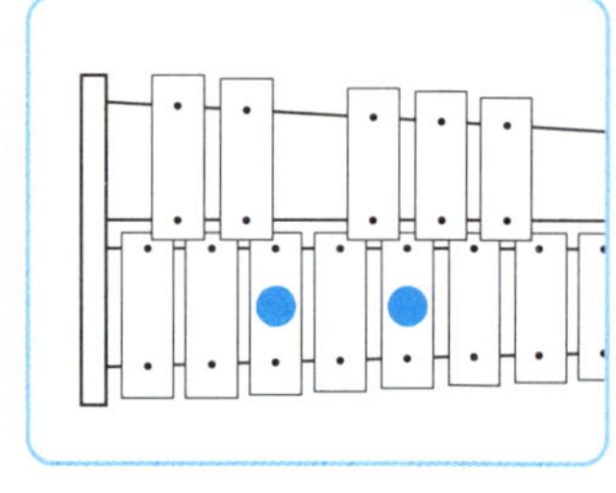

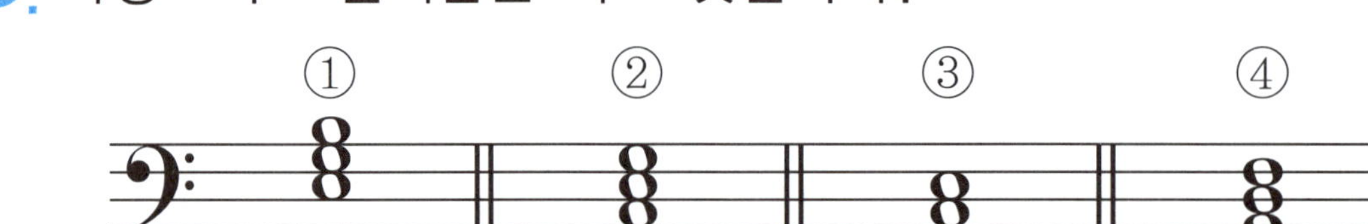

3. 다장조의 으뜸화음은 어느 것입니까? · · · · · · · · · · · · · · · · · (   )

4. 이름이 <u>틀린</u> 것은 어느 것입니까? · · · · · · · · · · · · · · · · · (   )

5. '♩ ♪♪' 의 리듬표를 그리세요.

6. 점의 길이가 8분음표와 같은 것은 어느 것입니까? ····· (   )

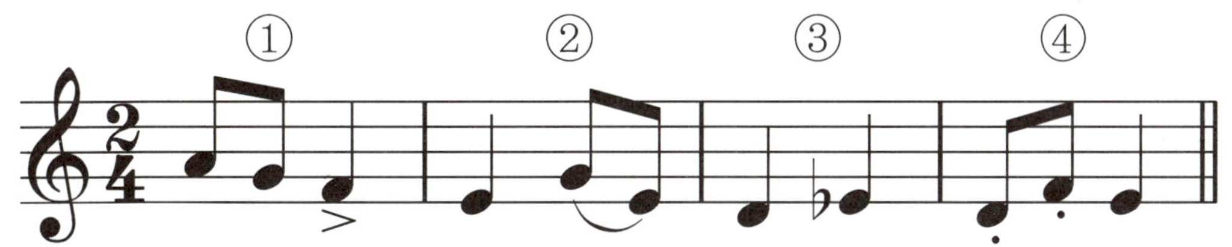

♣ 점의 길이는
음표 길이의 반

7. 임시표가 있는 곳은 어느 마디입니까? ············· (   )

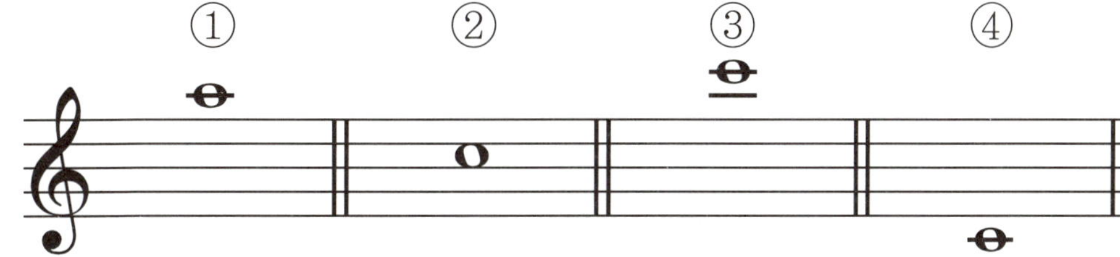

8. 다음 중 계이름이 <u>다른</u> 하나는 어느 것입니까? ········ (   )

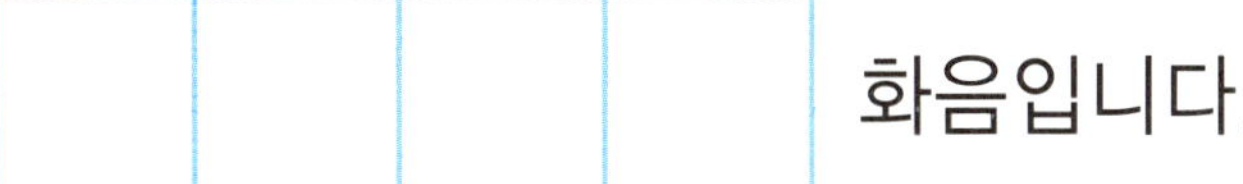

♣ '도'가 아닌 것

9. 주요 3화음은 으뜸화음, [ ][ ] 화음,

[ ][ ][ ][ ] 화음입니다.

♣ I, IV, V

10. 다음 악보와 관계 <u>없는</u> 것은 어느 것입니까? ·········· (   )

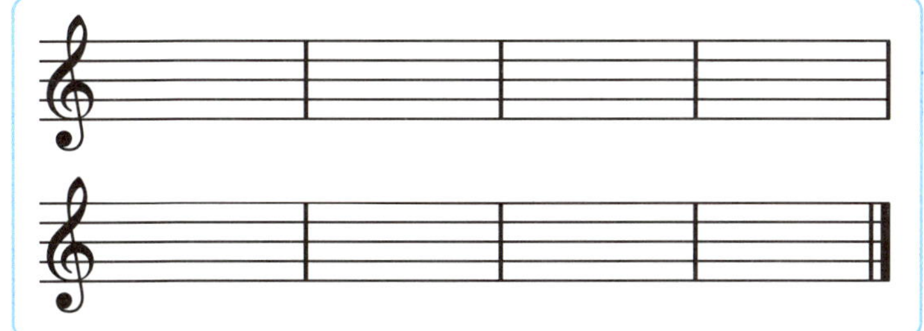

① 8마디
② 작은악절 2개
③ 큰악절 1개
④ 두도막 형식

♣ 큰악절 1개
→ 한도막 형식

87

1. 다음 중 '뛰어가기' 진행은 어느 것입니까? ············ (　　)

① 도 – 레 – 미　　　　② 레 – 파 – 라
③ 미 – 솔 – 라　　　　④ 레 – 미 – 솔

2. 다음 음표의 음이름은 무엇입니까? ·················· (　　)

① 다　　　　② 라
③ 가　　　　④ 바

3. 다음 중 음정을 나타낸 말은 어느 것입니까? ········· (　　)

① 으뜸화음　　② 솔　　③ 온음　　④ 3도

4. $\frac{6}{8}$ 박자의 셈여림을 그리세요.

5. 다음 음에 맞는 건반은 어디입니까?

 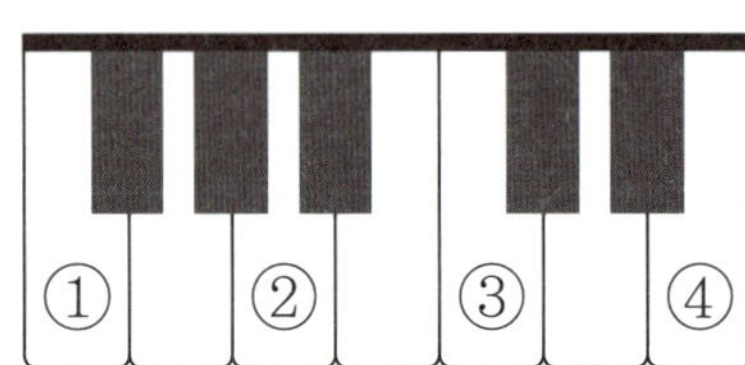 

6.  를 음표로 그리세요.

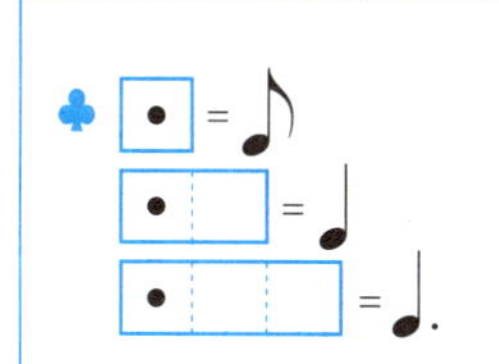

7. 우리 나라 악기가 <u>아닌</u> 것은 어느 것입니까? ·········· (   )

① 실로폰   ② 소고   ③ 장구   ④ 가야금

8. 다음 악보를 연주하면 계이름 '라'는 모두 몇 번 나옵니까?

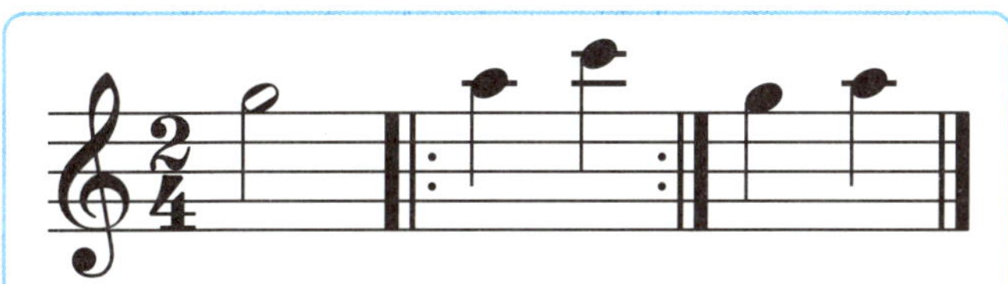
 번

9. 탬버린의 연주 방법이 <u>아닌</u> 것은 어느 것입니까? ······ (   )

① 테치기   ② 북면치기
③ 누르기   ④ 잘게 흔들기

10. 길이가 같은 것끼리 줄로 이으세요.

음악이론 평가문제 ③ 편집부 편

발행인 박현수
발행처 세광음악출판사 | 서울특별시 구로구 벚꽃로76길 27
　　　　Tel. 02)714-0048, 50(내용 문의) Fax. 02)719-2656
　　　　http://www.sekwangmall.co.kr
공급처 (주)세광아트 Tel. 02)719-2652 Fax. 02)719-2191

등록번호 제 3-962호(1997. 1. 20)　　**인쇄일** 2025. 11
ISBN　978-89-03-02413-2 93670

1회   10쪽
1.② 2.① 3.(사 높은음자리표) 4.③ 5.(악보)
6.④ 7.(악보) 8.도 9.뛰어 10.시

2회   12쪽
1.큰보표 2.레, 미 3.③ 4.④ 5.④
6.① 7.미, 도 8.③ 9.가 10.②

3회   14쪽
1.② 2.① 3.③ 4.② 5.④
6.솔도시파 7.가, 마 8.다, 바 9.②
10.둘째

4회   16쪽
1.차례 2.③ 3.④ 4.③
5.사, 가, 바 6.③ 7.① 8.③
9.(악보) 10.(악보)

5회   18쪽
1.③ 2.② 3.시솔미라 4.③ 5.①
6.③ 7.③ 8.② 9.④ 10.②

6회   20쪽
1.도, 위둘째줄 2.① 3.♪ 4.점8분
5.④ 6.③ 7.④ 8.♩ 9.② 10.①

7회   22쪽
1.④ 2.② 3.③ 4.③ 5.① 6.②
7.② 8.③ 9.④ 10.②

8회   24쪽
1.③ 2.④ 3.(선 연결) 4.① 5.③
6.③ 7.④ 8.① 9.3
10.(건반 그림)

9회   26쪽
1.③ 2.② 3.(쉼표) 4.② 5.② 6.②
7.③ 8.③ 9.③ 10.②

10회   28쪽
1.③ 2.② 3.4 4.③ 5.① 6.②
7.③ 8.④ 9.① 10.③

11회   30쪽
1.음정 2.3 3.4 4.④ 5.③ 6.①
7.③ 8.④ 9.② 10.②

12회   32쪽
1.4 2.③ 3.화음 4.① 5.② 6.②
7.④ 8.② 9.(악보) 10.①, ④, ⑤

13회   34쪽
1.(악보) 2.④ 3.② 4.① 5.(선 연결)
6.③ 7.② 8.③ 9.④ 10.②

14회   36쪽
1.딸림 2.④ 3.④ 4.② 5.② 6.②
7.② 8.② 9.④ 10.③

15회   38쪽
1.임시 2.② 3.① 4.③ 5.③ 6.①
7.② 8.큰악절 9.③ 10.①

16회   40쪽
1.③ 2.② 3.동기 4.③ 5.③
6.④ 7.③ 8.② 9.③ 10.②

17회   42쪽
1.4 2.(악보) 3.④ 4.③ 5.②
6.③ 7.② 8.② 9.③ 10.①

18회   44쪽
1.① 2.② 3.③ 4.③⑥⑤ 5.④
6.② 7.① 8.(리코더) 9.③ 10.④

19회   46쪽
1.실로폰 2.③ 3.② 4.리코더 5.②
6.③ 7.④ 8.① 9.② 10.③

20회   48쪽
1.② 2.③ 3.전래 동요 4.④ 5.①
6.② 7.정간보 8.① 9.② 10.③

3권 음악이론 평가문제 정답

21회 50쪽
1.④ 2.④ 3.③ 4.② 5.② 6.②
7.④ 8.라 9.① 10.③

22회 52쪽
1.③ 2.솔 3.① 4.(악보) 5.④
6.④ 7.② 8.③ 9.③ 10.(악보)

23회 54쪽
1.③ 2.4 3.③ 4.② 5.④ 6.②
7.④ 8.③ 9.② 10.②

24회 56쪽
1.③ 2.② 3.② 4.① 5.④ 6.②
7.③ 8.③ 9.② 10.④

25회 58쪽
1.② 2.③ 3.③ 4.② 5.④ 6.②
7.③ 8.② 9.① 10.④

26회 60쪽
1.큰 2.③ 3.④ 4.① 5.②
6.(악보) 7.④ 8.③ 9.③ 10.(악보)

27회 62쪽
1.④ 2.③ 3.작은악절 4.센
5.(악보) 6.(악보) 7.④ 8.전래
9.(악보) 10.③

28회 64쪽
1.② 2.④ 3.3 4.단소 5.③ 6.④
7.정간보 8.4 9.(악보) 10.시

29회 66쪽
1.④ 2.④ 3.② 4.③ 5.② 6.③
7.② 8.④ 9.① 10.③

30회 68쪽
1.③ 2.② 3.④ 4.③ 5.8분
6.(악보) 7.② 8.실로폰
9.② 10.③

31회 70쪽
1.② 2.② 3.④ 4.가 5.③ 6.②
7.3 8.① 9.④ 10.첫

32회 72쪽
1.③ 2.② 3.④ 4.③ 5.① 6.②
7.① 8.④ 9.트라이앵글 10.③

33회 74쪽
1.③ 2.③ 3.② 4.③ 5.② 6.④
7.① 8.④ 9.(악보) 10.다, 바, 나

34회 76쪽
1.라 2.③ 3.② 4.③ 5.③ 6.④
7.① 8.② 9.③ 10.장구

35회 78쪽
1.③ 2.② 3.1, 6 4.(악보) 5.(악보)
6.② 7.(악보) 8.③ 9.④ 10.③

36회 80쪽
1.② 2.① 3.④ 4.3 5.(악보) 6.(악보)
7.③ 8.③ 9.③
10.으뜸화음, 버금딸림화음, 딸림화음

37회 82쪽
1.도돌이표 2.도 3.③ 4.② 5.③
6.② 7.③ 8.16 9.(악보) 10.③

38회 84쪽
1.③ 2.④ 3.① 4.# 5.③ 6.①
7.④ 8.② 9.④ 10.③

39회 86쪽
1.③ 2.① 3.② 4.② 5.(악보) 6.②
7.③ 8.① 9.딸림, 버금딸림 10.④

40회 88쪽
1.② 2.③ 3.④ 4.(악보)
5.② 6.(악보) 7.① 8.3 9.③
10.(악보)